Friedrich Schorlemmer

Die Gier und das Glück

Wir zerstören, wonach wir uns sehnen

HERDER

FREIBURG · BASEL · WIEN

HERDER spektrum Band 6789

MIX
Papier aus verantwor-
tungsvollen Quellen
FSC® C083411

Originalausgabe

© Verlag Herder GmbH, Freiburg im Breisgau 2015
Alle Rechte vorbehalten
www.herder.de

Umschlaggestaltung: Sabine Hanel gestaltungssaal, München

Satz: Barbara Herrmann
Herstellung: CPI books GmbH, Leck

Printed in Germany

978-3-451-06789-1

Inhalt

1.

Glück haben, das wollen alle

Glück. Glück! Glück? Größer geht's wohl nicht?! Wie oft führen wir das so verheißungsvolle Wort im Munde. Die Philosophien über das Glück stehen in heftigem Widerstreit. Und füllen Bibliotheken. Vielleicht genügte schon dies: mit sich selber auszukommen, aber ganz ohne Schrecken vor sich selber und ohne Erwartung an sich selber. Oder wenigstens: der Schrecken nicht zu groß, die Erwartung auch nicht zu groß. Das Glück ist jener Moment, da man vergisst, an welche Bedingung es geknüpft sein könnte. Ein flüchtiges Durchgangsstadium, das flüchtigste überhaupt. Es ist, als müsse man sich hüten, es zu bemerken. Wer nachdenkt, ist ja mitunter ohnehin schon verloren. Wer aber ausgerechnet übers Glück nachdenkt, der hat plötzlich einen besonders unsicheren Weg unter den Füßen. Glücksgier und Verlustangst kommen aus elementarer Verunsicherung.

Glück ist zum Jagdobjekt geworden. Als lieferte diese Jagd Fetteinreibungen gegen den Weltfrost, der uns dauernd damit angreift, dass deutlicher als das Glück das Unglück zu fassen sei: indem wir von erstickten Kindheiten verbraucht werden, von unauflösbaren Ängsten, von massiver Verdrängung, vom Glauben an überlebte Ideen. Kurz: von Schwächen – statt von Möglichkeiten, von Fremdem – statt von uns selber. Was immer dem Menschen geschieht, er ist an das Grundgesetz gebunden, das nicht selten Tragödien zur Folge hat: Er ist für sich selber verantwortlich! Zum Grund der Tragödie wird oft genug die Tatsache, dass man sich dieses Gesetzes sehr spät, zu spät bewusst wird. Aber letztlich rettet da nichts, keine Religion, keine Zwangslage, kein Befehlsnotstand, kein geleisteter Eid – Treue (zur Idee, zur Macht), eben noch Tugend, kann plötzlich zum Versagen werden; Untreue, eben noch als Feigheit bezeichnet, ist plötzlich Charakter. Wie viele eingebildete Berge besteigen wir, und wachen erst auf, wenn wir beim Absturz wirklich bluten.

Das Glück bildet kein Volk, und es ist nicht Aufgabe einer Gesellschaft, Glück zu produzieren. Dafür sind Glücks- und Sinnvorstellungen zu ausgefächert. Ein System, das meint, ein Maß für Glück vorgeben zu können, sieht sich irgendwann genötigt, den undankbaren Bürger anzuklagen, der sich dem vermeintlichen Füllhorn verweigert. Was ein Staat kann und soll: dem Einzelnen die Möglichkeit der Teilhabe schaffen, sich als Mitglied einer Gemeinschaft, als Bürger einer Gesellschaft zu fühlen.

Unser Leben verläuft gleichzeitig entlang zweier Linien. Die eine führt hinab. Schwinden, Erschöpfung, häufig Verhärtung; sinkende Ansprüche, Sich-Abfinden mit allen Unzulänglichkeiten, irgendwann, womöglich, ein Tod im Leben. Der hässliche Zynismus der Enttäuschungen. Die zweite Linie: Bemühen, Drang nach oben, Selbstüberwindung, immer mehr guter Wille, Seele, Weisheit, irgendwann, womöglich, ein anderer Tod im Leben: ein Sich-Verflüchtigen durchs Abwerfen von Belastungen. Beide Linien gleichen zwei Blutkreisläufen, sind ein Gegenströmen, in das das Glücksempfinden partikelgleich aufgenommen ist, strudelnd, nicht zu bannen im Fluss der Dinge. In einem Gedicht übers Glück schrieb Karl Krolow: »Das reicht für Augenblicke: / denn vorüber ist es schon. / Und der Teufel sitzt im Genicke / zu rasch – als des Glückes Lohn.« Wie viele Plätze der Einzelne im System der verworrenen Realität einnehmen kann! Einübung in eine Selbstvergewisserung: Ich komme vor. Zum Begreifen gehört freilich die Einsicht, dass es nicht darauf ankommt, sich in diesem System der Wirklichkeit die Hauptrolle nehmen zu wollen.

Was nun ist Lebenskunst angesichts dessen? Es geht wohl um die Kunst, in einer verteufelt freizügig ausschlagenden Gesellschaft auf lebenswerte Weise Ich zu sagen. Der heutige Mensch ist kein »ungeteiltes« Wesen mehr; er kann sich nur behaupten, wenn er gewissermaßen eine extrem geforderte Vielheit lebt; jeder Einzelne ist eingebunden in ein nicht wegzuschiebendes System von Fragmentierungen, Arbeitsteilungen, Aufspaltungen, von Gleichzeitigem; jeder ist einer Unmenge von Vernetzungen und Befehlsketten ausgesetzt – man fühlt sich eingespannt in einen fortwährenden Wechsel von undurchschaubaren Prozessen. Unser Ich ist demnach innerlich, seelisch ein vielgestaltiges Wir, das in einer rasenden Globalisierung ständig von Selbstverlust bedroht ist. Und in gleichem Maße gefährdet, zum falschen Rettungsring zu greifen: der Selbstgier.

Lebenskunst heißt demnach: Bevor ein fremdes, äußeres Wir als Schutz, als Auffangmasse angerufen wird, damit man der Einsamkeit und den Verwirrungen der eigenen Freiheit entgehen kann, empfiehlt es sich, das andere Wir, diese vielfarbige Welt in uns selbst, dieses Wogen von Stärken und Schwächen, optimal zu organisieren. So, dass der Selbstverlust in gleicher Weise gering gehalten wird wie die Neigung zur Selbstsucht.

Es kann nicht gelingen, Fremdbestimmtheit und Bedingtheit des Daseins völlig aufzuheben, aber man kann mit einer Haltung durchs Leben gehen, die es beiden quälenden Faktoren schwer macht. Das System ist schuld! Der Satz stimmt immer – aber es bleibt die nüchtern zu betrachtende Tatsache, dass man sein Leben trotzdem weiterleben muss. Wer das will, hat zu sortieren: Was kann ich ändern, was nicht? Was tue ich und was lasse ich mit mir geschehen? Wo bewahre ich etwas, und wo erkenne ich, dass mir Berufung auf Vergangenes nur als »Tablette« dient, um schmerz- und anstrengungsfrei durch die neue Gegenwart zu kommen? Freiheit der Wahl.

Es geht um ein Leben, das sich zur Schwäche bekennt. Das sich Versagen leistet. Das noch im tiefen Ernst den Spielcharakter aller Handlungen entdeckt. Das gewissermaßen selbst das noch erlebt, was es vermisst. Das sich wohlfühlen will. Das dennoch nicht im Schmerz verzagt. Ja, das noch die Resignation zur Kultur erhebt. Die Skala der Stichwörter umfasst alles, was sich mit unserem Körper und unserer Seele verbindet: Pflege, Berührung, Schönheit, Atmen, Ernährung, Rausch, Klugheit, Müdigkeit, Tod. Vorm Tod die Kunst des Älterwerdens: jene Einübung in eine natürliche Passivität, welche einem heiteren Loslassen von Wichtigkeit, Bedeutsamkeit, Einflusskraft die körperliche Grundstimmung beigibt. Loslassen, so der Philosoph Wilhelm Schmid, das von einer Erfahrung spezieller Schönheit begleitet werden möge. Zunächst hat jeder Mensch nichts Wertvolleres auf der Welt als sich selbst. Das macht misstrauisch gegenüber allen, die vor Selbstlosigkeit gar nicht mehr als Ich existent sind. Die euphorisch, bis zur Unkenntlichkeit eintauchen in eine »Sache«. Lebenskunst ist lustvoller Aufenthalt in der Mitte, zwischen der Größe, die es nicht gibt, und dem Glück, das eine Furie des Verschwindens bleibt. Jeder, der es wirklich schafft, mit sich selbst befreundet zu sein (im Leben, wie es ist, nicht im Leben, wie es sein sollte!) – vielleicht ist der ein wahrer Partisan einer Zukunft, in der sich die Menschheit wieder anschickt, in großen guten Zusammenhängen zur Einheit zu finden.

Das Einverständnis mit der Welt ist nicht a priori Resignation. Es kann Widerstand sein, wenn man ausgerechnet in Umständen, die uns als gehörige Kraft bedrängen, einen Freiheitsraum gründen kann. Einen Freiheitsraum, darin man die eigenen Zweifel, Ohnmachten, Unsicherheiten überdauert – indem man ihnen etwas abgewinnt.

Der Trost des Daseins liegt so nicht im Vertrösten, sondern im Be-Greifen alles Gegenwärtigen. Den strömenden Regen nicht mit Sonnenhoffnung verfluchen, sondern Schönheit in ihm entdecken. Im Grimm über das Menschheitsprodukt Welt die Menschenliebe preisen. Im Herbst-Sturm etwas sehen wollen, das unter aufhellendem Himmel verschwände. Eine Meinung haben und sofort an deren Gegenteil basteln – und nicht erschrecken, wenn es funktioniert; unser Innenleben ist nämlich reicher, als wir oft zugeben wollen (oder dürfen). Die Luft sagt uns etwas, der Glanz spricht, die Trübnis auch. Und: Alle Luft ist wie geschaffen, den Zufall zu genießen. Zufall und Zufall summieren sich zu einer Fügung, die am Leben halten kann.

Schade vielleicht, dass wir auf dem Weg von der Haustür zu unseren täglichen Zielen so vielen Verkehrszeichen folgen müssen und dadurch nicht mehr ganz so wach sind für den Andrang ganz anderer, älterer Zeichen. Aber es gibt sie, wenn wir nur richtig schauen. So Weniges kann uns wirklich belehren, aber so Vieles kann uns Winke geben. Wilhelm Schmid hat einmal von der »Weltinnenpolitik« des Ich gesprochen: zuallererst mit sich selber ausmachen und in sich selber austragen, was man der Welt gern als Richtung empfehlen würde. Sich selbst als den Zusammenschluss all jener Unverträglichkeiten begreifen, die das Leben kräftig aufbietet, um nur ja schön kompliziert zu sein. Mit diesen Unverträglichkeiten dann nicht arbeiten, sondern spielen. Oder zu spielen versuchen. So einfach ist das ja nicht, wenn man gleichzeitig das Alltägliche mit jenem Ernst betrachten muss, den es uns andauernd abpresst.

Offen zu sein für die Welt, seine Sinne auszubilden für sehnsüchtige Wahrnehmung, Charakter zu entwickeln für Güte und freundliche Ausstrahlung – das kann keine Partei lehren. Weltveränderung beginnt mit dem Bild, das ich meinen Mitmenschen jeden Tag von mir selber anbiete. Auch das Unfrohe im Tonfall, das Unglück in den Blicken, das Maskierte in den Zuwendungen, das Mürrische in den Urteilen verändert die Welt – und genau da beginnt auch Glück. Die Passformen der Welt wollen uns immer anders, als wir sind und sein möchten. Gegenwelt aber ist möglicher, als wir uns oft zutrauen.

Nachdenken über Leben, das sich zur Schwäche bekennt und das annimmt, was ist, in aller Widersprüchlichkeit, in allen Spannungen, das heißt auch: unseren Lebenshunger, unsere Gier und unser Glück zusammensehen, innere Nähe und fließende Übergänge, aber auch den Gegensatz zu erkennen, die Bruchstellen zu verorten, zu sehen, wo ein vitaler Impuls zur tödlich zerstörerischen Kraft wird. Und dabei immer auch auf sich selber zu achten, nicht nur auf die anderen oder die Umwelt. Gierigsein ist eine Gefahr und kann zur tödlichen Sünde werden. Aber Gier als elementare, äußerst expressive Lebensäußerung, in der auch viel von unserem Glücksverlangen als Verlangen nach der prallen Fülle des Lebens steckt, kann auch eine unverzichtbare Lebens-Kraft sein. Glück ist ja nichts Vergeistigtes, es vereint Sinnenerleben und Sinnerfüllung. Damit verbindet sich der Entschluss, *einfach* zu leben, mit dem Wunsch, einfach zu *leben,* also danach, dem Dionysischen, dem Überschwang und Überschuss Raum zu geben und zu lassen.

Wer also meint, Gier sei nichts, was glücklich machen könnte, hat nicht gelebt. Und er übersieht:

Ohne die Kraft des Begehrens, ohne die Gierkraft gäbe es einfach viel zu wenig Leistungsanreiz mit Gewinnerwartung, Selbstanstrengung mit Selbstentfaltung. Freilich: Glückserleben bleibt aus, sobald alles Leben sich mit Gier verschwistert, sobald Gier nach immer mehr die alles beherrschende und alles verschlingende Kraft wird, die nichts anderes und keinen anderen mehr im Blick hat. Die Glücksillusion des »Immer-Mehr« neigt zur Kälte gegenüber denen, die im Zuwenig dahinvegetieren müssen. Die Frage bleibt, für uns als Einzelne, aber auch für die Gesellschaft: Wie können wir – ohne unter das verlockende Joch einer Gier zu geraten, die nur unfrei macht – gewinnen, wonach wir hungern und wonach wir uns sehnen: ein intensives, ein glückendes Leben? Denn das wollen alle.

2.

Und wer ohne Gier ist, trete vor!

Sie sind noch nie gierig gewesen? Dann haben sie nicht nur etwas verpasst, dann sind Sie unter Ihren Möglichkeiten geblieben. Selbst gierig zu essen, kann glücklich machen, zumal dann, wenn einer lange Zeit gierig sein musste, um etwas (ab)zubekommen.

Ich weiß, wovon ich rede, wenn ich von Gier rede. Wer bis zum 16. Lebensjahr täglich am großen Mittagstisch mit Eltern, sechs Geschwistern, der Oma und oft noch ein, zwei Gästen miterlebt hat, wie er sich beeilen musste, wenn er beim Nachschlag noch etwas abbekommen wollte, der neigt lebenslang zum hastigen Essen. Es wird zur Gewohnheit. Genießen und gieriges Verschlingen werden eins – im alsbald wohligen Sattsein. Bei mir ist es so und mein Sohn hat diese Unart von mir »geerbt«. Wie gern trinke ich nach anstrengender Arbeit – stets am liebsten auf nüchternen Magen – eine Flasche Bier. Ich setze sie an und trinke sie genussvoll-hastig aus. Das ist für mich ein ganzheitlicher Glücksmoment.

Als Zehnjähriger hab ich mir mit meinem Freund Heinz öfter verbotene kleine Vergünstigungen verschafft – durchs Naschen irgendwo im Erdbeerfeld des Gärtners weiter draußen, in der Kirschplantage auf dem Weg zum Badesee. Mundraub sei kein Diebstahl, hieß die selbstentschuldigende Formel. Hastig die süßen

Früchte in den Mund stopfen, dann aber schnell weg. Ja nicht erwischt oder auch nur erkannt werden.

Wie ich es immer drehe und wende – Satz und Gegensatz stimmen. Glück und Gier gehören zusammen. Ebenso stimmt die Alternative Glück *oder* Gier. Wir erleben Glück ohne jede Gier und Gier ohne jedes Glück. Glück durch Gier und Gier statt Glück. Abgesehen vom stillen Glück der Eremiten, von in sich ruhenden weltfernen Klosterbrüdern und zurückgezogenen bedürfnislosen Buddhisten ist Glück nicht vom Überschwang, von genussvollem Überfluss samt der emotionalen Kraft der Lebens-Gier ablösbar. Wer sich ganz sicher gierfrei wähnt, wer für sich die Hand ins Feuer legen will, der trete vor. Verirrt und verlockt, verwoben und versucht im Bann der Geld-, der Macht-, der Sex-, der Fress-, der Darstellungs- und Geltungsgier mit narzistischen Anteilen – wer sich ganz sicher ist, der trete vor. Dazu treten die Derivate der Gier, die Alkohol- und Anerkennungssucht, der Kauf- und der Schnelligkeitsrausch, der Arbeits- und der Schönheitskult, die Hass- und die Liebesbesessenheit, die Obsessionen im Sport, in der Kunst, in der Wissenschaft, bei genüsslicher oder gemeiner Geheimnisschnüffelei oder einträglicher Geheimnisverräterei. Die Raffgier und Rachgier, die Gewinn- und Ehrbegier, die Profit- und Anerkennungsgier entfachen ungeahnte Kräfte. Dem Giervirus ist Aggressives und schier Unstillbares eigen. Das Sonnensüchtige oder das Redselige gehören zum Menschen. Einige jener dem Menschen eigenen Obsessionen sind glückhaltig, andere zerstörerisch. Die humane, Maße und Maßstäbe setzende Herausforderung liegt für jeden einzelnen darin, mit seinen Obsessionen fertigzuwerden, hinter den eigenen Süchten der tiefer wurzelnden Sehnsucht auf die Spur zu kommen und dieser Spur zu folgen. Und aus innerem Antrieb der Sehnsucht ein Maß zu geben und damit eine Gelassenheit zurückzugewinnen, die nicht in Leblosigkeit, Emotionslosigkeit, Begeisterungslosigkeit mündet.

Das ist keineswegs nur eine individuelle Angelegenheit: Die Gesellschaftsform, die zentral vom menschlichen Gierimpuls angestachelt wird, lässt sich von einem Wachstumsdiktat treiben, das in destruktive Zwänge führt. Die als alternativlos deklarierte Wachstumsideologie mit Wohlstandsversprechen impliziert rücksichts- und voraussichtslose menschliche Herrschaft *über* die Natur mit einem unstillbaren Energiehunger und einer Verbrauchs- und Wegwerfkultur, die immer schneller immer mehr Ressourcen des Globus irreversibel verbraucht. Als deren Symbole können die atomaren Brennstäbe, die Unmengen von Elektroschrott und die Milliarden Plastiktüten gelten. Die Natur, unsere Mutter Erde, wird erschöpft. Die Erschöpfte bekommt bisher nicht wirksam genug Stimme. Unser menschliches Glücksverlangen wird sich der Ambivalenz der Gier nach der Maxime Albert Schweitzers zu stellen haben: »Ich bin Leben, das leben will, inmitten von Leben, das leben will.« Ich will – mit aller Macht glücken in einem glückenden sozialen und kulturellem Umfeld. Und dazu gehört das Feld, der Garten, der Wald, das Meer in einem gedeihlichen Welt-Klima.

Und warum soll nicht der Wein dazugehören? Warum nicht guten Wein trinken und die gesamte Schöpfung im Gemüt schmecken? Das ist nicht zu hoch gegriffen, das ist nicht zu sentimental gedacht. Essen und Trinken sind gleichsam tonangebende Politiker unserer Weltwerdung. Bei Essen und Trinken lernen wir, was uns bekömmlich ist. Und geht es darum nicht immer? So zu leben, dass Leben bekömmlich ist? Uns selber, unseren Nächsten, der Welt. Essen und Trinken als Zentralorgane unserer Sinnlichkeit – für Wein und Brot und für Willensbildung. Die Lippen – wir wollen sie nicht für Bekenntnisse spitzen, mit denen wir uns durchlügen müssten. Der Mund – er soll nicht behandelt werden wie das Maul, das man stopft. Die Zunge – wir wollen nicht auf sie beißen, nur weil etwas nicht an die Öffentlichkeit soll. Die Zähne mögen beißen, aber nicht auf den Granit der Hartherzigen oder auf den Gummi der Bürokraten. Der Hals – er ist dafür da, dass wir schlucken, aber nicht die Wahrheit, nur weil sie unbequem ist.

Essen und Trinken als Einheit von Notwendigkeit und Genuss. So etwas wie der Psalm 104, der die gesamte Schöpfung preist und sie besingt als *einen Oikos* in dem alles aufeinander abgestimmt ist:

»Du lässest Wasser in den Tälern quellen,
dass sie zwischen den Bergen dahinfließen,
dass alle Tiere des Feldes trinken
und das Wild seinen Durst lösche.
Darüber sitzen die Vögel des Himmels
und singen unter den Zweigen.

Du feuchtest die Berge von oben her,
du machst das Land voll Früchte, die du schaffest.
Du lässest Gras wachsen für das Vieh
und Saat zu Nutz den Menschen,
dass du Brot aus der Erde hervorbringst,
dass der Wein erfreue des Menschen Herz
und sein Antlitz schön werde vom Öl
und das Brot des Menschen Herz stärke.«

Das nenne ich Glück: auch einmal weltversunken sein, mit Freunden Weinlese betreiben, dann zur Weinprobe gehen, bleiben, bis Probe in Gelingen übergeht, ins Gelingen, kräftig und bewusst und gern über den Durst zu trinken. Über den Durst, nicht unters Niveau. Den Kopf verlieren bis zur Überraschungsfreude am nächsten Morgen: wie klar er trotzdem ist! Wein trinken, Wasser predigen? Ja, am anderen Morgen ist das so, und noch besser ist: auch das Wasser trinken! In großen Zügen Frische! Was will ich mehr, was willst du mehr?

3.

Unseren Lebenshunger kultivieren

Ich erinnere mich, wie begierig wir 1963 als Studentinnen und Studenten nach einem kultivierten Zusammensein waren, wie wir es richtig genossen haben, dichtgedrängt im Wohnzimmer des Pfarrhauses in Wilmersdorf (Uckermark) auf dem Fußboden zu sitzen – nach drei Wochen schlafen in einer Scheune über dem Kuhstall, mit wenigen Schüsseln kaltem Wasser zum Waschen abends und tagsüber Kartoffeln lesen nach Norm. Wie freuten wir uns am geschmackvoll eingerichteten, warmen Wohnzimmer, an der Musik von der Schallplatte und daran, wie die Frau des Pfarrers Mozart auf dem Klavier spielte!

Die Erinnerung an den unbändigen Wunsch auf ein anderes, ein freieres Leben, an unseren Hunger auf Kultur, die Verbindung mit unseren damaligen Gastgebern blieb in uns Studenten wach. Am 30.10.1989 gründeten wir im evangelischen Krankenhaus in Berlin formell den »Demokratischen Aufbruch«. Wieder waren wir zu Gast bei Pfarrer Thomas Passauer, der nun ein evangelisches Krankenhaus leitete. Wir hatten unbändige Lust auf Demokratie. Wir hatten die SED-Herrschaft gründlich satt. Aber wir wollten auch Südfrüchte satt … Wir lebten gewissermaßen eingesperrt im stickigen Warteraum der Geschichte und fanden uns vor 25 Jahren plötzlich wieder im D-Zug der Weltereignisse. Seither scheint alles zu rasen. Dabei blieb Bedenkenswertes bedenklich auf der Strecke, etwa die Zeit für intensive Gespräche, das Näher-Beieinanderliegen von Wohnen, Leben und Arbeiten.

Langsam habe ich es wieder gelernt, das Langsame zu genießen, die Glücksmomente durch Intensität und Behutsamkeit zu verlängern und zu steigern – beim Gespräch, beim Spazierengehen, beim Essen, beim Lieben, beim Singen, beim Radfahren. Unerreichbar sein für viele Stunden und ganz da sein, wo ich gerade bin. Glück genießen, wo sich mir Zeit schenkt, wo ich nichts will, als da zu sein und nur das zu tun, was ich gerade tue, wo ich schweige, schaue, lausche, mich ins Gras lege und die Wolken über mir hinwegziehen lasse. Lange, bis der Himmelsmoment sich mir zur Ewigkeit ausdehnt.

Es wäre übertrieben, wenn ich an meine Kindheit- und Jugendjahre zurückdenke und sagen würde, wir hätten damals gehungert, aber es war sehr oft – besonders am Monatsende – knapp. Und wenn dann ein Westpaket kam! Mein Vater inszenierte das Auspacken geradezu. Die Kordel wurde nicht durchgeschnitten. Sorgsam lockerte er alle Knoten, rollte die wertvolle Schnur erst auf, bevor er sich an das Packpapier machte. Er bremste uns Geschwister, steigerte unsere Begier und die Spannung, bis sie fast nicht mehr zu ertragen war – bis zum Genuss der Westschokolade und der saftigen Apfelsine. Später gab es auch »Ernte 23« für mich. Für Vater immer prächtige Zigarren.

Was ich damit noch einmal sagen will: Gier ist auch Glück, Glück gibt es auch in der Gier. Es ist manchmal nicht leicht zu trennen. Aber wahr ist zugleich: Wir verlieren, wonach wir uns sehnen, wir zerstören, worauf wir hoffen, wenn es Gier ist, was uns antreibt und beherrscht. »Was hülfe es dem Menschen, wenn er die ganze Welt gewönne und nähme doch Schaden an seiner Seele.« (Mt 16,26) Die Frage des Nazareners – vor 2000 Jahren ausgesprochen – ist aktueller denn je.

In der geistigen Orientierungskrise unserer Zeit spiegelt sich das wider, was Erich Fromm die »Pathologie der Normalität« genannt hat. Mitte der 70er Jahre des vergangenen Jahrhunderts skizzierte Erich Fromm in »Haben oder Sein« die »seelischen Grundlagen einer neuen Gesellschaft«. Er beschrieb den Typus des von sich entfremdeten Menschen, der in verzweifelter Gier materialisierten Besitz anhäuft, seinen vergeblichen Versuch, in den konsumierbaren Dingen zu sich selbst zu finden.

Die von Fromm beschriebene »Pathologie der Normalität« wurzelt tief in uns und in der Geschichte der Menschheit. Wir glauben nicht, was wir wissen. Wie sonst wäre es möglich, die Zeichen der Zeit so umzudeuten und zu verdrängen, wie es die UNO-Umweltkonferenzen inzwischen in Serie tun. Manche denunzieren diese tief besorgte Sicht auf die Dinge immer noch als Panikmache. Aber die Zeit drängt. Das legt die (Über-)Fülle von Prognosen darüber nahe, was geschehen wird, wenn nichts geschieht. »Wer will, dass die Welt so bleibt, wie sie ist, der will nicht, dass sie bleibt.«

(Erich Fried) Der »Tanz auf dem Vulkan« wird immer wieder neu inszeniert. Wer sich ihm verweigert, wer nicht mitspielt, wer diesen Tanz um das goldene Kalb stört, gefährdet Wachstum und somit Gemeinwohl, ist von Konzernlenkern in der Debatte über das »Fracking« zu hören, über das Verfahren, mit dem der Schoß der Erde brachial aufgebrochen werden soll zur Fristverlängerung für das »Weiter so« unserer kapitalistischen Weltunordnung.

Wir brauchen eine Umkehr und die Erneuerung unseres Denkens (Röm 12,2). Notwendig dafür ist die Zivilisierung unseres Lebenshungers. Das geht, indem wir Neugier auf die biophilen Kräfte in uns wecken und diese lebensliebende Neugier gegen dunkle, nekrophile Neigungen stärken, indem wir den unterschiedlichen Strebungen in uns standhalten und die Spannung in unserem Leben verantwortlich aushalten: zu leben zwischen unserem Angewiesensein auf Orientierung, auf Sicherheit und Halt auf der einen, dem Bedürfnis, frei zu sein, unser Leben selbst zu bestimmen auf der anderen Seite, zwischen der Sehnsucht nach Heimat und Zugehörigkeit und dem sehnlichen Wunsch, über uns hinauszuwachsen, die Risiken der Freiheit auf uns zu nehmen.

Die biblische Vorstellung, dass diese gegenläufigen Kräfte zur Conditio humana gehören, ist richtig. Diese Gegenläufigkeiten fordern uns existentiell heraus. In der Auseinandersetzung mit ihnen wachsen und reifen wir. Ohne diese kreatürlichen Kräfte, ohne die Konflikte, in die sie uns führen, kommt unser Leben zum Stillstand. Wo eine Seite dieser Polaritäten von uns Besitz ergreift, wo wir die Balance verlieren, werden wir zu ihrem Knecht. Lebenshunger schlägt um in unersättliche Gier; eine Gier, für die es kein Genug gibt und in der wir unversehens das Maß des Zuträglichen – für den Einzelnen, für die Gesellschaft und für die Natur verlieren. Hinter der schrillen, lauten Gier verbirgt sich ein Glücksverlangen und dahinter steht die Angst, dass im bloß stillen Glück die Langeweile, die Ödnis des Immergleichen, die halbtote Genügsamkeit lauert.

Wenn wir durch Gier Glück erfahren wollen, wenn wir in sinnlicher Gier vergessen, welchen übersinnlichen Sinn es für sinnliche Wesen hat, dem Überschuss des Geistes mit Lust und Anstrengung nachzustreben, verfehlen wir, was wir uns im Tiefsten wünschen: für das eigene Leben und für die Gesellschaft.

Gegen die krankhafte Faszination des Kasino-Kapitalismus, aber auch gegen die genügsame Selbstzufriedenheit steht Solidarität als ein gesellschaftliches Grundprinzip – auch für den inneren Frieden. Solidarität strebt das Machbare und das Zumutbare an, statt sich abstrakt in sozialromantischen Phantasien und folgenloser Generalkritik zu ergehen. Sie ist der selbstbezogenen Gier entgegengesetzt. Gier degeneriert zur (selbst-)zersetzenden Sucht, die keine Befriedigung findet. Glück wird im gelingenden Ineinander von Sinnlichkeit und Sinn leibhaftig erlebt. Das Leid der Kranken, Geschlagenen, Hungernden, Geschundenen, Verfolgten, Einsamen, Vergessenen wird nicht dadurch gelindert, dass man misanthropisch das Leben beklagt und die Gesellschaft so radikal wie folgenlos anklagt. Glück hat eine soziale Dimension. Es wird zum mitmenschlichen Glück, wo es zur Hilfe für alle die führt, die es schwerer haben. Tränen des Mitgefühls sind das eine, doch niemandem soll das Lachen vergehen. Es ist stets der Hoffnung letzte Waffe.

Auch eine spirituelle Dimension hat das Glück für mich: Schließlich gibt das Gebet als »das Gespräch meines Herzens vor Dir« (Ps 19,15) Kraft – dadurch, dass man das Glück des Lebens und die Schönheiten der Schöpfung dankbar, ehrfurchtsvoll, demütig, begeistert preist und für alle Betrübten so betet, dass Beten nicht zum Handlungsersatz, sondern zur Handlungsmotivation wird. Und das alles aus dem Wissen, dass wir nicht alles (gut) machen können. Zugleich ist Beten innerste, gemeinschaftliche und persönliche Fürsprache und praktischer Solidaritätsimpuls für alle, die in Not sind.

Verschwiegen werden kann nicht, wie jahrhundertelang das Beten missbraucht wurde und himmlisches Glück dem irdischen Glück so vorgezogen wurde, dass das irdische Glück mit vielem Saus und Braus bei denen blieb, die anderen das himmlische anempfahlen. Und das Wort Glück kam ebenso wenig vor wie das Wort Gier. Ich erinnere mich, wie mein Vater Sonntag für Sonntag aus einer Agende ein jahrhundertealtes Fürbitt-Gebet sprach, bei dem ich immer gezuckt habe, dass nämlich unsere Obrigkeit von Gott geleitet werden möge und »wir unter ihrem Schutz und Schirm ein ruhiges und stilles Leben führen mögen in aller Gottseligkeit und Ehrbarkeit« . Damit wurde ein christlich firmiertes

Muckertum und die Untertanentreue mit dem expressivsten Ausdruck unseres Glaubens, dem Gebet, über viele Generationen hin infiltriert und verfestigt. Ich wollte nie ein stilles Leben in der Diktatur und ich wollte Bestärkung für den Widerstand gegen alles Bedrückende, wie es in der Aussendungsrede Matthäus 10 in der Bibel benannt wird:

> »Nein, fürchtet sie nicht!
> Entdeckt werden wird:
> das Versteck.
> Erkannt werden wird:
> das Geheimnis.
> Was ich in der Dunkelheit sage,
> zu euch,
> sagt es am hellen Tag,
> und schreit,
> was Euch ins Ohr geflüstert wird,
> herab von den Dächern!«
> (Nach der Übersetzung von Walter Jens)

Die Freiheit, zu sagen, was ist, gehört für mich zum befreienden Glück des Glaubens im Geiste des Jesus aus Nazareth, der lockt, der mahnt, der ermutigt, nicht in tötender Gier alles krampfhaft anzusammeln, was doch Motten und Rost fressen werden. Wo dein Schatz ist, da ist auch dein Herz und wir können Gott dienen *oder* dem Geld. Nicht beiden zugleich. (Vgl. Mt 6,19ff.)

Etwas vom »schnöden Mammon« abzubekommen, ist auch nicht schlecht – aber noch längst nicht das

Glück des Lebens. Der vielfach als Hedonist verschriene Epikur entwickelte eine »Philosophie des Glücks« und erweist sich darin als guter Dialektiker: »Ein lustvolles Leben ohne Vernunft, Anstand und Gerechtigkeit ist nicht möglich und umgekehrt ein vernünftiges, anständiges und gerechtes Leben nicht ohne Lust. Wem das aber nicht möglich ist, der kann nicht lustvoll leben.« Diese Dialektik gehört noch heute zu einer Kultur des Glücks.

4.

Den Reichtum der Empfindungen auskosten

Wo ich herkomme aus der Altmark, kennen wir das Wort »jiepern«, anstelle von gieren, im Sinne von auf etwas richtig Lust haben. Zum Beispiel aufs Skatspielen. Das Jiepern nach einem kühlen Bier, nach einem prickelnden Glas Wasser, nach einem doppelten Klaren, nach einem Mittagessen, dessen Düfte durch die Wohnung ziehen, nach der zweiten und dritten Walnuss, nach dem zweiten und dritten Baguette mit dem saftigen Roquefort, ja nach einer heißen Nudelsuppe im November, nach einem Bratapfel aus dem alten Kachelofen bei knackender Dezemberkälte draußen, nach den selber eingemachten Schattenmorellen oder nach dem selber Stunde um Stunde im Waschkessel gerührten Pflaumenmus. Das Anbaden Anfang Mai im noch frischen Wasser unseres Sees.

Es tut einfach gut, wenn einen zeitweise solche »Süchte« anfallen und beglückend befriedigt werden. Und alle haben sie in sich ein Maß. Ich sage: Das gut gekühlte Ur-Krostitzer nachmittags um fünf Uhr, was willst du noch mehr an Leben? Da macht das Jiepern, die erfüllte Lust für einen Augenblick richtig glücklich …

Der Mensch, ein sinnliches und auf sinnliche Befriedigung seiner Bedürfnisse orientiertes und zugleich auf Sinn-Fragen konditioniertes Wesen, wird die Diskrepanz zwischen Materiellem und Geistigem nie ganz überwinden. Aber genau das macht die Dynamik des Lebens aus. Das schließt die Gier als Movens für Selbstanstrengung ebenso ein, wie die Neugier des kleinen Kindes, die Neugier des Wissenschaftlers, die Neugier des Künstlers, die das Leben anregend und reich, spannend und anspannend machen. Das Begierigsein nach Neuem und die ganz andere Gier, die sich bei elementarem Hunger und Durst einstellen, kann zum einen ins Genießen übergehen oder gefährlich werden, wo die einen den andern die Befriedigung elementarer Bedürfnisse nicht erlauben und den Lebensgenuss verweigern. Soziale Gerechtigkeit ist praktisches Glück – nicht nur, wie die Bibel weiß – für Menschen auf der Schattenseite unserer der Gesellschaft.

Wer sich Empfindungsfähigkeit und Empfindungstiefe bewahrt hat, wird im bloßen staunenden Betrachten des Lebens genauso viel Glück erfahren, wie in den Stoffwechselprozessen des genüsslichen Konsumierens. Mindestens. Camus hat in seiner »Hochzeit in Tipasa« das ganze Glück eingefangen: in der Liebe, in den Sinneneindrücken, im Farberleben, in der der Zärtlichkeit. Der Erzähler vermag es, einem, der noch nie das nordafrikanische Paradies mit intensivster Sonneneinstrahlung erlebt hat, einen Eindruck von dem zu vermitteln – durch solche Zeilen:

»Zu gewissen Stunden ist das Land schwarz vor lauter Sonne. Vergebens suchen die Augen mehr festzuhalten als die leuchtenden Farbtropfen, die an den Wimpern zittern ... Nach wenigen Schritten überwältigt uns der Duft der Wermutbüsche ... Nackt muß ich sein und muß dann, mit allen Gerüchen der Erde behaftet, ins Meer tauchen, mich reinigen in seinen Salzwassern und auf meiner Haut die Umarmung von Meer und Erde empfinden, nach der beide so lange schon verlangen. ... Alles hier läßt mich gelten, wie ich bin; ich gebe nichts von mir auf und brauche keine Maske: es genügt mir, dass ich geduldig die schwierige Wissenschaft lerne: zu leben, die soviel wichtiger ist als alle die Lebenskunst der andern ...

Es ist keine Schande, glücklich zu sein. Heutzutage aber ist der Dummkopf König, und ich nenne jeden einen Dummkopf, der sich vorm Genießen fürchtet. Wer in Tipasa sagt ›ich sehe‹, sagt auch ›ich glaube‹ ...

Ich hatte meine Menschenpflicht getan und hatte einen ganzen langen Tag in Freude verbracht; und war mir also auch nichts Ungewöhnliches gelungen, ich hatte doch ergriffenen Herzens jenem Lebenssinn gehorcht, der uns bisweilen befiehlt, glücklich zu sein.« (Albert Camus, Zwischen Ja und Nein – Frühe Schriften, Gustav Kiepenheuer Verlag, Leipzig und Weimar 1986, S. 62ff.)

Solche Zeilen einsaugen und du wirst durch die bloße, aneignende Vorstellung in ein geradezu magisches Glück gezogen. Die jedem – uns sei's verborgen – innewohnende Gier ist zu bändigen, ist positiv überwindbar, wenn wir unser Glück in anderem suchen – und erleben! – als in der Jagd nach materiellem Mehr. Dazu bedarf es eines persönlichen Entschlusses, aber auch äußerer, sozialer Mindeststandards. Alles andere wäre nur Ego-Glück.

5.

Die kleinen Wohltaten und das große Glück

Nur eingefleischte Stoiker glauben, dass allein leidenschaftslose Unerschütterlichkeit und Autarkie ein erfülltes Leben möglich machen. Genießen und Begehren im Sinne Epikurs sind ihnen verdächtig. Aber was wäre ein Leben ohne die Lust, ohne die Sehnsucht, sich in seiner Freiheit zu erfahren und über sich hinauszuwachsen? »Genug ist nicht genug ... mein Ego ist mir heilig«, sang Konstantin Wecker 1977. Wie aber Maß und Grenze finden, wenn ein aufgeblähtes Ich zum ultimativen Bezugspunkt wird? Wie hängen Glücksverlangen und Lust zusammen? Beide wollen »Ewigkeit –, tiefe, tiefe Ewigkeit« (Friedrich Nietzsche). Zielen sie auf das Gleiche – wenn nein, worin unterscheiden sie sich? Es ist nicht leicht, die Spielarten des Sich-Sehnens voneinander zu trennen.

In ihrem autobiographisch gefärbten Buch »Kindheitsmuster« von 1976 legt Christa Wolf eine andere Spur. Sie erzählt von einem Gespräch zwischen Mutter, Tochter und dem Bruder der Autorin. Sie sprechen nicht von Glücksverlangen. Wohltaten nennen sie es, zu erfahren, was mir und anderen wohltut: Das ist für sie Glück. Und so streiten sie über die Liste der »Wohltaten« und welche wohl ganz oben stehen sollten. Lenka, die Tochter nennt als erstes das ganz elementare

Glücksgefühl beim Kirschenessen. Aber das hält nicht lang. Deswegen kam das Essen selber genauso auf einen der ersten Ränge wie Schlafen und Lieben. Auch Hassen müsse dazugehören. Jawohl: hassen. Die Tochter aber will unbedingt das einfache Wort »Leben« aufnehmen. Unabhängig davon, ob Leben einen Sinn habe und mehr sei als die Summe aller einzelnen Tätigkeiten, Ziele, Gedanken, Gefühle, Freuden. Die höchste der Wohltaten sei doch, dass einer (überhaupt) lebe. Doch der zweckrationale Onkel setzt die »Arbeit« auf die Liste. Die Fünfzehnjährige möchte lieber einzelnes benennen, nämlich malen oder singen, mit Kindern spielen. Überhaupt: spielen. Das Leben spielerisch nehmen. So kommt einem das Glück zugelaufen. Buchstäblich zugelaufen. Gier und Glück. Ein wunderbarer Perspektivenwechsel. Nicht gefangen zu sein im eigenen Narzissmus, sondern über »Wohltaten« mit sich und anderen in Beziehung zu leben. Eingebunden und doch frei, sich selbst achtend und an der Lebensfreude des anderen sich zu wärmen. In diesem spielerischen Streit um die »Wohltaten« leuchtet eine andere Möglichkeit, eine andere Welt auf.

Wenn sich das Glücksverlangen und das Glücksgefühl der sogenannten Eliten vorrangig auf finanzielle Mehrwerte richten und das »gemeine Volk« der Konsumenten ganz und gar diesem Ziel (auf niedrigem oder erniedrigtem Niveau) folgen, wird die sich globalisierende, sich rasant nivellierende Weltgesellschaft im Gierrausch verlieren, statt Sinnerfüllung in sozialen Beziehungen zu finden – im Wechselspiel von Geben und

Nehmen, Arbeiten und Ruhen, Konsumieren und Verzichten. Wenn nicht darin Glück aufleuchtet und Genüge findet, wird die Weltgesellschaft auf ihren selbstverschuldeten ökologischen und ökonomischen Kollaps zusteuern. Die Geschwindigkeit dahin hat sich erhöht, wird buchstäblich atemberaubend. Wo wir als Individuen oder als Gesellschaften in sinnloser Anhäufung von Dingen unser Genüge finden, werden wir in depressiver Erstarrung landen. Aussicht kann entstehen, wo Beschaulichkeit, die Sinnes- und Sinnerfahrung im Genießen, ohne viel verbrauchen zu müssen, nicht mehr dem Hohn ausgesetzt wird. Das Weltproblem der sinnlosen Gierverfallenheit lässt sich freilich nicht lösen, solange nicht lebensverträgliche soziale Ausgleichsprozesse in Gang gesetzt werden, die die Spaltung in zu Reiche und zu Arme überwindet. Wer dies als naive Sozialromantik denunziert, wird zum Zyniker der Apokalypse.

Aber wahr bleibt auch: Ganz alltägliche »bürgerliche« Zufriedenheit kann geerdetes Glück sein, wenn sie offen ist für die Suche nach dem »Überschuss des Lebens« – anders als die Langeweile des Wohllebens, die unmerklich zur Einöde und inneren Wüste versanden kann, in der die Seele verdurstet. Günter Kunert beschreibt sich selber als »Sucher eines Weges«: »Sucher eines Weges / für mehr / als mich«. Wo uns die Dimension der Transzendenz verloren geht, verlieren wir uns selbst bei dem Versuch, uns und alles zu gewinnen. Immer wieder scheint die Lebensweisheit des Nazareners auf: Was nützte es uns, wenn wir die ganze Welt gewönnen und nähmen doch Schaden an uns selbst?!

Solches Bedenken muss nicht davon abhalten, das Leben auszukosten.

> »Trinkt, o Augen, was die Wimper hält,
> Von dem goldnen Überfluss der Welt.«
> (Gottfried Keller)

Und dann die Augen schließen. Das ist wirkliches Glück. Nicht mehr und nicht weniger. Wer vom Geld betört, vom Geiz erfüllt, von Gier erregt bleibt, wird solches nie erleben. Wo Gier anfängt zu herrschen, wird Glücksverlangen nur noch anstrengend. Der Glückliche akzeptiert das Vorübergehende, weiß gelassen um die launische Fortuna. Der bloß Gierige will verkrampft festhalten. Wo Gier anfängt, alles zu besetzen, hört glückendes Leben auf.

Und wenn es nur noch um Besitz geht, taucht bald die Frage auf: Wer besitzt wen? Der bloß Gierige besitzt nicht, er wird besessen. Ein Buntfenster in der Kirche St. Marien in Werben an der Elbe zeigt das drastisch. Da sind ein Kaufmann und der Teufel zu sehen. Der Teufel selbst hält das Geld hin. Der Kaufmann sieht nur das Geld, den Teufel sieht er nicht. Seine Hände werden zu Geld, seine Gedanken werden zu Geld, seine Sehnsüchte waren schon vorher zu Geld geworden. Sein Herz schlägt, wie ein Gewinn zu Buche – schlägt. Der Kaufmann spürt nicht, wie der Teufel ihm schon, als sei der Totentanz ein Tango, zwischen die Beine fährt und seine Hand wie eine Kralle auf die Menschenschulter legt. Der Kaufmann, von Geldgier mit Blindheit geschlagen, blickt seltsam irre unschuldig, und er denkt, er sei reich. Er ist nicht reich, er ist verloren, er hat sich verloren, er ist gefangen in etwas, das er gar nicht bräuchte – denn seine Kleidung verrät, dass er doch ohnehin zu den Begüterten gehört.

Sokrates sagt es so: »Die Liebe zum Geld erklärte Demokrit zur Metropole aller Übel.« Jesus sagt es so: »Ihr könnt Gott dienen oder dem Geld. Nicht beiden zugleich.« Sokrates fragt: »Wer ist reich unter den Menschen?« Diogenes antwortet: »Der Genügsame.« Jesus, der vom vierzigtägigen Fasten Zermürbte, begegnet dem Teufel, der ihm wundersame Stillung seines elementaren Hungers verspricht, wenn er nur vor ihm niederfalle. Jesus entgegnet geistesgegenwärtig: »Der Mensch lebt nicht vom Brot allein. Er lebt von jedem Wort, das aus dem Munde Gottes kommt.« Da verschlägts dem Teufel die Sprache. Und die Macht. Eine andere Geschichte erzählt das Märchen von Hans im Glück.

6.
Zwischen Genuss und Weggeben: Hans im Glück

Wir sind frei, unseren Weg zu wählen. Unser Leben verläuft nicht in instinktgesicherten Bahnen. Ambivalenzen, Widersprüche und widerstrebende Kräfte bestimmen uns. Wir sind das »nicht festgestellte Tier«, wie Arnold Gehlen im Anschluss an Friedrich Nietzsche formulierte. Deshalb brauchen wir Institutionen und Regeln. Vor allem aber sind wir auf Erzählungen angewiesen, auf Anleitungen zum gelingenden Leben, die im kollektiven Gedächtnis unserer Kultur verankert sind. Märchen geben sie als Orientierungswissen weiter. Sie sind archetypische Erzählungen, die vergegenwärtigen, wie der Mensch sich verfehlen, woran er wachsen und reifen und wie er in sein Glück finden kann, mit welchen Urängsten er zu leben hat und welche Überraschungen ihm widerfahren können. Sie beschreiben Tugenden und als deren Antipoden das, was religiöse Sprache Ursünden nennt. Habsucht und Gier zählen dazu. Seit Menschengedenken begleiten sie uns und gelten als Wurzeln allen Übels.

Unbeschwert und unbekümmert erscheint »Hans im Glück« auf den ersten Blick. Wie von einer anderen Welt. Er rechnet nicht und kalkuliert nicht. Er lebt ganz im Jetzt. Er ist arglos, freut sich, wenn er erhält, was er sich wünscht: den Goldklumpen gegen ein Pferd, das

Pferd gegen eine Kuh, die Kuh gegen ein Schwein, das Schwein gegen eine Gans, die Gans gegen zwei Mühlsteine. Als ihm die Steine in einen Brunnen fallen, freut er sich und dankt Gott. Frei und ohne Last kehrt er wieder zu seiner Mutter zurück. Das ist sein Glück. Am Ende bringt er nichts als sich selbst nach Haus. Damit endet das Märchen.

Selbst Kinder fragen: Und wie geht es weiter? Auch für das Märchen gilt: Mea res agitur – mein Leben wird verhandelt. Was ist die Pointe, auf die diese scheinbar harmlos heitere, aber im Verlauf spürbar beklemmender werdende Erzählung zielt? Eine Deutung sieht sie als Gleichnis für die Weigerung, erwachsen zu werden. Deshalb kehre er an seinen Ursprung, zu seiner Mutter zurück. Auf der Schattenseite seines Glücks zeigt sich eine realitätsferne Lebensuntüchtigkeit. Was er hat, wird ihm schnell zur Last. Er tauscht es ein, gegen das, was ihn spontan begeistert. Er ist sprunghaft, weiß nicht, was er will. Er hat kein Ziel vor Augen, auch keinen, mit dem er schreitet Seit an Seit. Er bedauert nichts, blickt nicht zurück. Er sieht keine Fehler, auch nicht, was er hätte anders machen können oder sollen. Ist es ein Glück, so unbedarft zu sein und ohne jedes Sehnen? Bei allem bleibt eines völlig klar: Gierig ist unser Hans nicht. Was unterscheidet aber die Gier von der Sehnsucht?

»Es war einmal ein Prinz, weit drüben im Märchenlande. Weil der nur ein Träumer war, liebte er es sehr auf einer Wiese nahe dem Schlosse zu liegen und träumend in den blauen Himmel zu starren. Denn auf dieser

Wiese blühten die Blumen größer und schöner als sonstwo. –

Und der Prinz träumte von weißen, weißen Schlössern mit hohen Spiegelfenstern und leuchtenden Söllern.

Es geschah aber, dass der alte König starb. Nun wurde der Prinz sein Nachfolger. Und der neue König stand nun oft auf den Söllern von weißen, weißen Schlössern mit hohen Spiegelfenstern. Und träumte von einer kleinen Wiese, wo die Blumen größer und schöner blühten, denn sonstwo.« »Märchen« überschreibt Bert Brecht diese Zeilen. Wo die Sehnsucht sich erfüllt, buchstäblich wahr und zur Realität wird, wo sie aus dem Raum der Phantasie und des Träumens heraustritt und sich verdinglicht, verliert sie ihre Anmut, ihre Anziehung und Kraft. Sie verblasst in ihrer permanenten Präsenz. Sie erliegt der Melancholie der Erfüllung. Nichts steht mehr aus. Kein Überschuss an Erwartung öffnet mehr Räume und nährt den Möglichkeitssinn (Musil). Sie wird zum wunschlosen Un-Glück. Der Traum vom Glück ist nicht identisch mit Träumereien. Er hält vielmehr die Erwartung auf etwas wach, was verlockend ist und unterbricht alltägliche Tristesse. Erwartungsloses Leben ist schon zu Ende gelebtes Leben. Gültiges, sinnerfülltes Leben lebt aus der Erwartung, nicht aus der Erfüllung. »Zuckererbsen für jedermann« (Heine) sind eben nicht jederzeit und für jedermann verfügbar. »Es gibt erfülltes Leben trotz vieler unerfüllter Wünsche«, schreibt Bonhoeffer im März 1944 an seinen Freund aus dem Gefängnis. Aber wie hängen Sehnen und erfüllender Sinn zusammen?

»Es ist noch nicht erschienen, was wir sein werden« (1 Joh 3,2). Das ist ein Schlüsselsatz für den frommen Agnostiker Ernst Bloch. Sein »Prinzip Hoffnung« kreist um diesen Gedanken der tröstlichen Differenz zwischen dem, was ist und dem, »worin noch niemand war«. Im Rückblick auf den politischen Umbruch und Systemwechsel 1990 zeigt sich heute deutlicher jene essentielle und existentielle Bedeutung dieser Differenz. Viele Wünsche wurden wahr. Im Taumel über den überraschenden Mauerdurchbruch und die Implosion der DDR glaubten viele, dass mit dem raschen, quasi in einem Verwaltungsakt vollzogenen Anschluss an die Bundesrepublik, alles Beschwerliche, Beängstigende und Trennende aufgehoben sei. Die Stimmen, die vor 25 Jahren warnten, die Träume zu vergessen, die über privates Glück hinausreichen, wurden kaum gehört. Aber als die Freudenausbrüche sich legten, kamen Trauer und Zukunftsängste zum Vorschein. Sollte es das schon gewesen sein? Für nicht wenige war es nicht die Welt, die sie sich erhofft hatten. Unsicher fragen sie: Wie frei sind wir jetzt nach dem Ende des verwalteten Mangels im Überfluss der Konsum- und Warenwelt? Mehr Haben führt noch nicht in vertieftes, gegründetes Sein. Der permanente Run, die raffiniert stimulierte Gier auf das, was käuflich ist, kann das Verlangen, das Sehnen nach Sinn nicht stillen. Zu unserem Glück und Gott sei Dank.

Dietrich Bonhoeffer schrieb seinem Freund Eberhard Bethge Ende 1943 aus seiner Tegeler Gefängniszelle vom *Glück,* das ein Mensch im Status der Sehnsucht hat, in der Sehnsucht nach Erfüllung habe:

»Ich glaube, wir sollen Gott in unserem *Leben* und in dem, was er uns an Gutem gibt, so lieben und solches Vertrauen zu ihm fassen, dass wir, wenn die Zeit kommt und da ist – aber wirklich erst dann! – auch mit Liebe, Vertrauen und Freude zu ihm gehen. Aber – um es deutlicher zu sagen – dass ein Mensch in den Armen seiner Frau sich nach dem Jenseits sehnen soll, das ist milde gesagt eine Geschmacklosigkeit und jedenfalls nicht Gottes Wille.

Man soll Gott in dem finden und lieben, was er gerade gibt; wenn es Gott gefällt, uns sein überwältigendes irdisches Glück genießen zu lassen, dann soll man nicht frömmer sein als Gott und dieses Glück durch übermütige Gedanken und Herausforderungen und durch die wildgewordene religiöse Phantasie, die an dem, was Gott gibt, nie genug haben kann, dieses Glück wurmstichig werden lassen. Gott wird es dem, der ihn in seinem irdischen Glück findet und ihm dankt, schon nicht an Stunden fehlen lassen, in denen er daran erinnert wird, dass alles Irdische nur etwas Vorläufiges ist, und dass es gut ist, sein Herz an die Ewigkeit zu gewöhnen und schließlich werden auch die Stunden nicht ausbleiben, in denen wir aufrichtig sagen können: ›Ich wollt, dass ich daheime wär ...‹ Aber dies alles hat seine Zeit und die Hauptsache ist, dass man mit Gott Schritt hält und ihm nicht immer schon einige Schritte vorauseilt, allerdings auch keinen Schritt hinter ihm zurückbleibt. Es ist Übermut, alles auf einmal haben zu wollen ...« (Dietrich Bonhoeffer, Widerstand und Ergebung. Briefe und Aufzeichnungen aus der Haft, 2. Aufl., München 1965, S. 189)

Das Christentum hat – von Paulus und Augustin geprägt – ein vernichtendes Urteil über menschliche Gier, das Begehren, die Habsucht, den Geiz, aber kaum ein Verhältnis zum Glück. Dagegen so erfreulich-erfrischend dies Plädoyer für das irdische Glück, das überwältigen kann, das man nicht wurmstichig werden lassen solle. Freilich wissend, getröstet wissend um dessen Vorläufigkeit.

Als Dorothee Sölle 1969 ihr Büchlein »Fantasie und Gehorsam« herausbrachte, wagte sie es, Jesus einen glücklichen Menschen zu nennen. Sie deckte die fatalen Folgen repressiv-religiöser Erziehung auf. Noch wichtiger aber wurde ihr – positiv gesprochen – das Bild Jesu aus Grünewalds »expressiver Leidensmystik« einerseits und aus Thorwaldsens Sanftmütigkeits-Doketismus andererseits zu befreien und ihn sich als einen glücklichen Menschen vorzustellen. Glück und Glaube zu verbinden, wer hat das vor ihr gewagt? Der Engagierte ist als ein glücklicher und nicht als ein dauerangestrengter, genussfeindlicher, als ein des befreiten Lachens unfähiger Mensch zu denken. Ich erinnere mich sehr gern, wie befreiend das wirkte zu einer Zeit des stets defizitären Menschen- und Weltbildes, in dessen Mitte der Schmerzensmann stand und in dessen Angesicht: »Ich armer, elender, sündiger Mensch ...« Ist nicht Gottesglaube elementarer Schöpfungsglaube mit allen Sinnen, in begeisterter Dankbarkeit, ja in sinnerfüllter Sinnlichkeit?

Mir selber ist unter den Christusbildern der »Lehrende Christus«, eine Plastik von Ernst Barlach, wichtig geworden. Da sitzt er. Verbreitet Stille. Demut spüre ich ihm ab, keine Schwäche darin. Eher das Gegenteil: innere Stärke. Und einladende Zuversicht. Er erschließt anderen ein Wissen, indem er sich selber öffnet. Er legt Wahrheit nicht fest, er legt dar, so dass Wahrheit sich ausbreiten kann. Im besten Falle wie Wärme. Da sitzt einer vor mir, der lehrt, indem er empfängt, der empfängt, indem er lehrt, der Pausen macht und nichts herausposaunt, der nicht schrill losknattert, schon gar nicht mit bedrängender Agitation, in Missionsgeste oder Propagandapose. Kein Richtungsgeber: »Da geht's lang! Folgt mir nur!« Kein erhobener Zeigefinger – was er sagt, ist Handreichung. Seit fünfzig Jahren begleitet mich diese Figur von Ernst Barlach, dieses Wunderwerk eines Glaubens, der nicht in die Enge drängt, sondern ins Offene entlässt – nicht ins Beliebige.

Der lehrende Jesus. Er schaut die Welt, ohne das Naheliegende – mich! – zu übersehen. Er geht weit mit seinem Wort und wird groß darin, bleibt aber zu Hause bei denen, die man die Geringen nennt. Seine Autorität ist nicht autoritär, sie ängstigt nicht, sie fordert keine Bewunderung ab. Dieser Lehrende gehört, als ein Gegenüber, zum »Fries der Lauschenden«, er gehört zu denen, die ganz bei sich sind, die im Stillesein keine Rückzugsmystik entwickeln, im Hoffen keinen Realitätsverlust. Die Kraft sammeln, die aus Versammlung das Höhere keltern: sich zu sammeln. In dieser Kunst finde ich somit ein glückendes Ineinander von Kontemplation und Kampf – in *dieser* Reihenfolge. Von ganz innen kommt, was Bert Brecht »eingreifendes Denken«

genannt hat: Das Gefühl denkt, das Denken fühlt – und zwar die Welt, die nicht erst vor der eigenen Haustür beginnt, sondern in uns.

Barlach deutete einmal das Treiben in uns als Gottestreiben – als »Mühen, Sehnen, Kämpfen, Hoffen, Erbauen, Jauchzen, Wüten«. Wüten? Ich sehe kein Wüten, wenn ich auf den lehrenden Jesus schaue. Ich sehe Frieden – von dem alles ausgeht, der alles ist, zu dem alles wird. Ja, über schwierige Strecken. Was vom lehrenden Christus ausgeht, sind Gedanken, die gleichsam, mit allem Geist gewappnet, hoch hinausgehen – auf Füßen, die barfuß auf der Erde bleiben. Für Pfade, auf denen wir alle Wegweiser in Richtung sehr ferner Wiesen stellen, und zwischen Pflanzen, die noch keine Namen tragen, vergessen wir unsere erwachsenen Gesichter. Ich stelle mir Jesus als einen glücklichen Menschen vor, keinen vordergründig strahlenden, sondern einen die Hintergründe unseres Daseins eröffnenden. Barlach hat mir diesen Blick eröffnet, der sich auf die Geheimnisse des Lebens und des Daseins richtet.

7.

Neugier – offen sein mit allen Sinnen

Eine schöne, spannende, erfrischende, weiterführende Gier ist die Neugier: neugierig sein auf einen Menschen, seine Erfahrung, sein Denken, sein Hoffen. Neugierig auf ein Buch, in dem sich eine neue Facette des Lebens erschließt. Spannend, traurig, lustig, ironisch, in andere Welten entführend. Neugierig sein heißt, gespannt den lang überlegten, nächsten Schachzug meines Gegenübers erwarten. Neugierig, wie der nach neuem Rezept gedünstete Kabeljau schmeckt, neugierig auf die Stadt, die langersehnte, sagen wir Gdansk, Jerusalem, Prag, Güstrow. Am Neckar in Tübingen neugierig und mitleidsvoll sehen, wo dieser große, tragisch liebende Friedrich Hölderlin Jahrzehnte im Dämmerzustand gelebt hat. Neugierig fragen, ob etwas wirklich stimmt und wer eigentlich (be-)stimmt. Neugierig auf die 25. Inszenierung des Faust und auf die wieder und wieder überraschende Interpretation der Beethoven'schen Siebten und der Dvořák'schen Achten, der Brahms'schen Ersten. Neugierig auf das länger nicht gesehene, auf das so wunderbar neugierige Enkelkind, auf den Weißwein des Jahres 2014, auf das Kleid, das du dir gerade gekauft und angezogen hast. Neugierig, ob ich es noch schaffe, diese 55 Kilometer mit dem Rad bei leichtem Gegenwind. Und wie neugierig war ich, wie die Tochter beim Flötenvorspiel abgeschnitten hatte.

Wie alles auf der Welt hat die Neugier auch Teil an den Ambivalenzen unseres Lebens. Neugierige Leute sind furchtbar – heute sagen wir: nervig. Die Neugier als lästige Distanzlosigkeit und Schamverletzung, als Sammelleidenschaft für den Klatsch zu Lasten anderer. Der Neugierige und die Neugierige, diese penetrant abstandslosen und anstandslosen Leute, ja frechen Zeitgenossen, jene variationsreichen Klatschbegierigen. Und zugleich der so wunderbar neugierig gebliebene 85-jährige Großvater, der aus ehrlichem Interesse fragt: Wie geht es dir? Die so lebenshungrig gebliebene »unwürdige Greisin«.

Gefühltes Ungenügen kann zu tiefer Unzufriedenheit oder aber zu unablässiger, lebendig erhaltender Neugier führen. Schöpferisch werdende Neugier speist sich aus dem Verdacht, noch immer nicht dem, was man sagen wollte, künstlerisch angemessen Ausdruck gegeben zu haben. Komponisten komponieren wie besessen. Maler malen wie besessen. Ein 85-jähriger Großschriftsteller liefert immer wieder einen neuen Roman und stellt sich einem grundlegenden theologischen Begriff – der Rechtfertigung, begeistert vom Römerbriefkommentar Karl Barths aus dem Jahre 1919. Es ist das Gefühl des Ungenügens, der Sorge, noch nicht an dem Punkt zu sein, wo ein um Tiefenschärfe bemühter Künstler eigentlich angelangt sein wollte, getrieben von der Neugier, ob noch etwas Neues gelingt.

Ernst Barlach hat diese Neugier als Drang nach Formenvielfalt schon sehr früh in seiner Künstlerlaufbahn formuliert und sah sich stammelnd einem künstlerischen

Soll-Maß gegenüber: »Ich muß mich dem Geheiß eines Sollens fügen, das mich in jedem einzelnen Fall bestimmt; und wäre es nicht so, dass ich, wie es sich auch aus dem Unbewussten gestaltet, immer doch Zusammenhang, Einheit, Folgerichtigkeit des Gewordenen zu erkennen genötigt bin ... gehöre ich zu den gläubigen Menschen, deren Letztes allerdings sich nicht in Worte bringen ließe, indem ich der Überzeugung bin, dass die mir gegebene Sprache und Darstellung – wenn auch stammelnderweise – von Etwas zeugt, das vom Wort, von Wille, Verstand und Vernunft überhaupt nicht berührt wird. Es sei denn wiederum in der Art der Kunstsprache, indem ihr innewohnt und übertragen wird aus ihr, vermöge übervernünftiger Eigenschaft als Schönheit, Größe, Majestät oder erschütternde Eindringlichkeit, was vom Jenseits der Wortmathematik kommt, nicht gewollt, gelernt, gewonnen oder ursächlich erkannt werden kann, sondern zweckfreie Gnade ist.« (Ernst Barlach, Prosa aus vier Jahrzehnten, Berlin, S. 338)

Im Künstler selbst steckt unablässige, quälende wie beglückende Suche nach dem letzten Grund, um mit Tiefenbohrungen in die Geheimnisse des Lebens einzudringen. Der Versuch, sie mit künstlerischen Ausdrucksmitteln sichtbar zu machen, endet nie, denn jene Geheimnisse des Lebens sind eben mehr und anderes als Rätsel. Barlach schrieb: »Nun kann mir aber die Plastik nicht ganz genügen, deshalb zeichne ich, und weil mir das nicht genügt, schreibe ich. Diesen Drang verspürte ich schon als Knabe, der glücklich lesen und schreiben gelernt hatte, und nun immerfort las und dann das Gelesene in Spielen, in Erzählungen und zugleich in Niederschriften variierte. Jetzt habe ich gelernt, selbst zu beobachten; große Entwürfe zu plastischen Bildwerken beschäftigen mich, und daneben male ich meine kleine Welt, in der sich meine Person bewegt und die mein Auge und Geist beobachtet. Was ich bisher niedergeschrieben, sind bloße Bruchstücke, in denen ich versucht habe, einzelne Personen wiederzugeben. Dabei habe ich erkannt, dass ich eine unerschöpfliche Quelle von gediegenen Stoffen in mir habe, wie jeder Mensch, und dass aus dieser Quelle nur zu schöpfen und geeignete Größe zu fassen ist. Das Leben ist so unendlich reich.« (Ernst Barlach, Das Wirkliche und Wahrhaftige, Rostock 1970, S. 110ff. Rechte bei Ernst-Barlach-Lizenzverwaltung Ratzeburg)

Das Leben ist unendlich reich für den, der Schauen und Hören lernt, der das Richtige und Wichtige aus dem Alltäglichen beharrlich heraussucht, es zu fassen versteht und der dies täglich wieder sucht, bis zum letzten Atemzug – aus schöpferischer Neugier. Genug ist nicht genug. Genug ist nie genug. Das Erreichte ist nicht das Erreichbare. Und ein Fragment, etwas sichtbar oder hörbar Unvollendetes, kann so schön abbrechen wie Schuberts 8. Sinfonie. Einfach beglückend.

8.

Wie wir zerstören, wonach wir uns sehnen

Die Menschheit frisst auf, wovon sie lebt. Wir sägen mit immer schärferen Sägen an allen Ästen, auf denen wir sitzen. Wenn es so weitergeht, ist unsere Zukunft nur noch der freie Fall ins Nichts. Die Schwarzmalerei macht Jagd auf jeden Regenbogen, und wer wollte behaupten, diese apokalyptischen Menetekel an allen Wänden seien übertrieben? Böseste Vorahnungen über das weitere Werden der Erde sind im bittersten Sinne des Wortes aus jener Luft gegriffen, in der uns das Atmen immer schwerer fällt.

1968 hatte der Philosoph und Theologe Georg Picht den Mut, einem Buch den Titel »Mut zur Utopie« zu geben. Mut deshalb, weil das utopische Denken aus einer Bestandsaufnahme erwuchs, die scheinbar nichts weniger als Zuversicht, sondern höchstens Sarkasmus und zynische Abkehr erlaubte. Pichts bestürzender Befund: »Es scheint mir, daß der Versuch der Natur, auf dieser Erde ein denkendes Wesen hervorzubringen, gescheitert ist. Kein Raubtier erreicht die Stufe der Bestialität, der Ruchlosigkeit und der zynischen oder tückischen Wut, mit der der Mensch im Namen der Zivilisation zu morden, zu vernichten, auszurotten, zu unterdrücken, zu erpressen, zu knechten und auszubeuten versteht. Man muß an Gott glauben, wenn man den

Glauben an die verborgene Zukunft des Menschen-geschlechtes nicht verlieren soll. Empirisch läßt sich die Hoffnung nicht mehr begründen, daß aus der Schändung von allem, was heilig ist, daß aus Niedertracht, Dummheit, Gier, Rohheit und Barbarei noch ein Segen für die Zukunft der Welt hervorgehen kann.« (S. 143)

Was Picht schreibt, ist heute akuter denn je, und zugleich schlägt es einen traurigen Bogen in die Vergangenheit, der die Unverbesserlichkeit der Gattung also ins offenkundig Zeitlose verlängert. Picht variiert nämlich »nur« Goethe, der den Mephisto im »Faust« über den Menschen sagen lässt: »Er nennt's Vernunft und braucht's allein / Um tierischer als jedes Tier zu sein.«

Die Gier ist der Krebs unseres Wettbewerbswesens. Gier will nicht haben, sie will immer mehr haben. Sie ist kein Zustand, sondern eine Bewegung. Sie kennt nur die Wollust, nicht die Befriedigung. Aber jede Wahrheit ist nur eine Wahrheit. Albert Schweitzer schrieb:

»Ich bin Leben, das leben will, mitten unter Leben, das leben will.« Das ist und bleibt die Alternative: Mitwelt als Mit-Fühlen, Mit-Leiden, Mit-Denken, Mit-Tun zu begreifen. Lebensfreude als offensive Mit-Teilung davon, dass der Mensch Glück gewinnt, indem er mit anderen teilt. Die Sorge wie die Liebe. Schweitzer: »Mit der Abstumpfung gegen das Mitleiden verlierst du zugleich das Miterleben des Glücks der anderen. Und so wenig das Glück ist, das wir in der Welt erschauen, so ist doch das Miterleben des Glücks um uns herum mit dem Guten, das wir selber schaffen können, das einzige Glück, welches uns das Leben erträglich macht. Und zuletzt hast du gar nicht das Recht zu sagen: Ich will so sein oder so, weil du meinst, daß du so glücklicher bist als anders, sondern du musst sein, wie du sein musst, wahrer, wissender Mensch, Mensch, der mit der Welt lebt, Mensch, der die Welt in sich erlebt; ob du damit nach der gewöhnlichen Auffassung glücklicher bist oder nicht, ist gleichgültig. Nicht das Glücklichsein verlangt die geheimnisvolle Stunde in uns – ihr zu gehorchen ist das einzige, was befriedigen kann.« (Das Albert Schweitzer Lesebuch, C.H. Beck, München, S. 217).

Erwärmende Sätze in kalter Zeit. Sie mögen manchem wie ein Märchen klingen, aber gerade die Besinnung auf Märchen kann, jenseits erinnernder Beschaulichkeit, ein bedrängender Verweis auf gegenwärtige ethische Gebote sein. Wie der erwähnte »Hans im Glück« anders interpretiert: Er hat sich jahrelang verdingt und einen Goldklumpen gewonnen. Statt ihn nun gewinnbringend auf einer Bank anzulegen oder sich ein großes Haus zu kaufen, rackert er sich damit ab – bis er merkt, dass dieser Klumpen vor allem eines ist: ihm eine Last. Hans im Glück hat das Beschwerende des fortwährend gierigen Besitzstrebens begriffen. Statt eines einzigen Goldklumpens »seine sieben Sachen« zusammensuchen und sich mit diesen Dingen begnügen, die fürs leichte Reisen durchs Leben wirklich wichtig sind – das ist Glück. »Ich bekomme nie, was ich will, aber ich habe alles, was ich brauche«, sagte der Lausitzer Baggerführer und Liederpoet Gerhard »Gundi« Gundermann. Man kann die Welt sehr wohl auch mit einer Sehnsucht, die unerfüllt bleibt, bewohnbar halten –

denn gerade auch Sehnsüchte arbeiten mit an der schönen Balance zwischen Wünschen, die Wirklichkeit werden wollen, und einer Wirklichkeit, die Wünsche aufbraucht. Die Wirklichkeit des erfüllten Wunsches ist die Vergänglichkeit, in die alles mündet, was wir tun.

> »O Mensch! Gib acht!
> Was spricht die tiefe Mitternacht?
> ›Ich schlief, ich schlief –,
> Aus tiefem Traum bin ich erwacht: –
> Die Welt ist tief,
> Und tiefer als der Tag gedacht.
> Tief ist ihr Weh –,
> Lust – tiefer noch als Herzeleid:
> Weh spricht: Vergeh!
> Doch alle Lust will Ewigkeit –,
> – will tiefe, tiefe Ewigkeit!‹«

Also sprach Zarathustra. Also sprach Nietzsche, der Unglückliche.

Wir haben elementare kreatürliche Bedürfnisse. Sie befriedigen zu wollen und dabei auch an Mehrung oder ans Kostbare unterschiedlichster Art zu denken, ist nicht eo ipso moralisch abzuwerten. Erst wenn diesen Bedürfnissen gestattet ist, unsere Egomanie hochzutreiben und also unsere Sozialbeziehungen zu zerstören, werden sie gefährlich. Sucht vergiftet Sehnsucht. Gier wird dann zur Perversion des olympischen Gedankens: Nur immer schneller, höher, weiter – so! Bezüglich der Turbulenzen und Zusammenbrüche auf dem Weltfinanzmarkt möchte der Satz des ehemaligen Präsidenten der Europäischen Zentralbank, Jean-Claude Trichet, eine entschiedene Warnung sein: »Die Gier darf nicht alles beherrschen!« Diese Warnung klingt längst wie ein Nach-Ruf. Denn die Gier beherrscht das Metier, von dem Trichet spricht, doch längst voll und ganz. Was Warnung sein will, ist höchstens ein hilfloser Hilferuf angesichts der Katastrophe, die bereits hereinbrach.

In Zeiten »nackter, barer Zahlung«, wie es Karl Marx ausdrückte, wirkt der Einhalt Gebietende, der zur Mäßigung Mahnende unwillkürlich wie ein Prophet, der sich in der Wüste verirrt hat. Aber für mich bleibt es dabei: Glück ist nicht Haben, sondern Teil-Habe. »Geb ich, was ich hab, nicht weiter, / kann es mir doch nicht gefallen«, sagt Brecht im Gedicht »Vom Glück des Gebens«. Glück ist der Einklang mit sich selbst, der den Missklang im Unglück anderer jedoch nicht überhört. Oder um einen Operetten-Vers in sein Gegenteil zu kehren: Glücklich ist, wer nicht vergisst, was alles noch zu ändern ist! Glücklich ist nach meiner Auffassung, wer das Intensive und das Extensive als ein Gleichgewicht zu leben vermag. Glücklich ist, wer zwischen Erlebensdrang und Flucht ins Event sehr wohl zu unterscheiden vermag. Im Maßhalten leidenschaftlich, im Überschwang kontrolliert. Man kann wenig tun und doch viel erleben – so, wie im Großen gilt: Benötigt werden weniger Macher, sondern mehr Verhinderer.

Glück: Welche Fülle ist möglich! Nichts mehr erreichen wollen, einfach da sein wollen. Sich der Stille und dem Stillesein überlassen. Und dann singen aus ganzem

Herzen, trinken mit großer Lust, tanzen mit aller Hingabe. Träumen mit aller Fantasie, danken, beten, bitten, klagen, protestieren, schreien – mit aller Innigkeit, bis zum Äußersten. Und dann in den Amplituden des Lebens ganz selig in die Abenddämmerung blinzeln. Sich jedem Wohllaut kräftig hinzugeben – das ist etwas ganz anderes als das Klangverständnis derer, die sich nur im Lauten wohl fühlen. Wer im marktkonformen, effizienzverseuchten Sinne gierig ist, kann solches Glück nicht erfahren.

Die griechische Sage vom phrygischen König Midas ist nicht zu verniedlichen. Dieser hatte einst bei dem Gott Dionysos einen Wunsch frei. Er war gierig und überlegte nicht lange. »Erhabener Gott«, erwiderte er, »wenn ich wählen darf, so lass alles, was ich berühre, zu Gold werden.« Diesen Wunsch erfüllte Dionysos nur ungern, Midas aber eilte sofort los und versuchte, das Göttergeschenk zu erleben, indem er einige Dinge berührte. Der Zweig, den er vom Baum brach, verwandelte sich in schillerndes Gold, ein Stein, den er aufhob, wurde zum Goldklumpen, die Ähren und das Obst, das er pflückte, glänzten in seinen Händen. Er war fasziniert. Auch das Wasser, das seine Hände berührten, verwandelte sich in Gold. Und nun setzte sich der König zum Mahl und war glücklich und zufrieden, griff nach Brot und Braten und hielt funkelndes Gold in den Händen. Erschrocken führte er daraufhin den Becher zum Munde, aber auch des Bacchus herrlicher Rebensaft hatte sich zu Gold verhärtet. Da erst erkannte jener gierige König, wohin ihn seine Verblendung geführt hatte. Nicht einmal Hunger und Durst konnte er mehr stillen.

Und so war ihm der Tod gewiss. Er hob flehend die Hände und bat Dionysos inständig, doch das todbringende funkelnde Geschenk zurückzunehmen. Nur zu mitleidig blickte Gott Dionysos auf den reuigen Toren, der sich von seiner Gier nach Reichtum hatte verleiten lassen, und verhalf ihm dann dazu, dieses vergiftet vergoldete Geschenk wieder loszuwerden. Midas, so fährt die Sage fort, schien nun für alle Zeiten von seiner Habgier geheilt zu sein. Er mied seinen Palast und ging in die Einsamkeit eines Berges. Aber im Herzen blieb er, trotz dieser so deutlichen Lehre, töricht wie zuvor.

Die Gier hat stets das Zeug – in vielen Varianten –, töricht zu machen, so dass der Mensch im Erfolg alles verliert. Gerade im Übermaß des Erfolgs kann das Unglück liegen – indem übermäßiger Reichtum nur zu übermäßiger Sorge um diesen Reichtum wird und so alles Seelenheil tötet.

»Das Leben derer ist kurz und sorgenvoll, die das Vergangene vergessen, die Gegenwart verträumen und vor der Zukunft Angst haben.« So Seneca. Also: Weder vergessen, was war, noch verträumen, was ist, und nicht fürchten, was kommt! Wir leben permanent in der Drei-Zeit, der vergangenen, der momentanen, der künftigen. Erinnerung, Anschauung, Erwartung – sagt Augustinus. Das Glück der Gegenwart wird angereichert durch das Glück der Erwartung. Und das Unglück der Gegenwart kann kompensiert werden durch die Dankbarkeit einer Erinnerung. Dem Gierigen freilich geschieht nur Gegenwart, und es ist eine Gegenwart des gehetzten Durchgangs von Gerafftem zu Gerafftem. Der Gierige kennt nur die Gegenwart des ständigen Zugriffs – wer dagegen besagte drei Zeiten als Ver-gegen-kunft immer bei sich hat und sieht, wird zeit-reich sein, er wird das Nachdenkliche in Einheit fühlen mit dem Vor-denklichen. Er begreift: Wir haben keine Zeit, sie hat uns; nicht die Zeit vergeht, wir vergehen; jede Sekunde ist eine Botschafterin des Todes. Der Weise sieht Licht, ohne die länger werdenden Schatten zu leugnen.

»Einfache Sätze« überschreibt Helmut Heißenbüttel sein Vergänglichkeit bejahendes Gedicht:

> »Während ich stehe
> fällt der Schatten hin
> Morgensonne entwirft die erste Zeichnung
> Blühn ist ein tödliches Geschäft
> ich habe mich einverstanden erklärt
> ich lebe« (In: *Deutsche Lyrik. Gedichte seit 1945,*
> hg. von Horst Bingel, DVA, Stuttgart 1961, S. 10)

Das Leben wird als glückend erfahren, wo einer mehr in sich zu sein anstrebt, mehr von sich erwartet, mehr aus sich herausgeht, mehr in sich hineinhört – mit dem einen Ohr auf die Welt hörend, mit dem anderen in sich hineinlauschend, das Dunkle akzeptierend, sich am Hellen erfreuend, Dissonanzen ertragend, in Harmonien schwingend. Den inneren Zwiespalt gilt es auszuhalten. Ich bin nicht das Eine *oder* das Andere, der Eine *oder* der Andere. Ich bin beides. In mir steckt Vieles: Widersprüchliches, Beängstigendes, Destruktives. Und Erfreuliches, Befreites, Positives.

Ich bin der Homo erectus, der zum aufrechten Gang Bestimmte. Und bin Homo incurvatus, der Gekrümmte, der Verkrümmte, der Unterworfene und Unterwürfige. Ich bin der Homo ludens und bin einer, der das Spielerische verlernt hat. Ich bin der Homo orans und ich bete zu wenig. Ich bin der Homo faber, der aufbaut und der zerstört. Ich bin der Homo oeconomicus, der immer nur ans Geld denkt. Und ich bin der Homo amans, der den liebenden Blick auf alle und alles behalten hat.

Gier muss als die Haupt- oder Wurzelsünde unserer Zeit erkannt und gebannt werden. Sie ist der untaugliche Versuch, Sinndefizite auszugleichen: Wer viel hat, will viel mehr, obwohl er gar nicht mehr braucht. Wo der Mensch ganz und gar von ökonomischen Interessen bestimmt wird, wo vor alles ein Preisschild gesetzt ist, auch vor so vieles, das mit Geld weder begleichbar noch verstehbar ist, wo besagte Preisschilder gleichsam mehr und mehr die Landkarte der Gesellschaft prägen und Gier also nicht mehr nur eine individuell auftretende Versündigung ist – dort muss prinzipiell politisch umgesteuert werden, wenn denn die Grundlagen unserer Zivilisation nicht aufgezehrt werden sollen. So vieles wäre inzwischen ganz konkret und kritisch zu benennen: der Kontrast zwischen Mindestlohnforderungen und Manager- und Banker-Boni; das Verhältnis von Produktion und Konsumtion im Blick auf die ökologischen Folgen unseres Welt-Verbrauchs; die horrende Kapitalakkumulation und die Transaktionen; die Macht der Börsendaten, Wechselkurse und Zinsbemessungen in einer alles

beherrschenden Finanzindustrie; die weltweiten Boden-
und Nahrungsmittelspekulationen; die Beschneidungen
des Menschenrechts auf Wasser und Würde. Das Glück
einer Gesellschaft beginnt heute dort, wo es mehr und
mehr Bürger interessiert, wer was, warum, wie, mit welchen Folgen produziert, wem was gehören darf oder im
Interesse der Allgemeinheit nicht gehören sollte.

Das Glück anstreben heißt, gegen die Gefräßigkeits-
gier in sich anzugehen, aber auch der Gefräßigkeit der
Bagger und der Motorsägen widerstehen, die Wälder in
Wüsten verwandeln – auf denen dann oft genug Lande-
bahnen, Transportschneisen oder Beton-und Glasriesen
von der Gier nach immer neuen Produkten und Profit-
strategien erzählen. Es ist die Frage, ob wir vornehmlich
über die Welt herrschen wollen – oder ob wir uns einfügen in diese Welt und sie für uns nutzen. Glückhaft.
Das Karge schätzen, aber nie des Schönen entbehren.
Das Glück der Lust erleben, ohne der Lust zu verfallen.
Das Abgeklärte anstreben, ohne dem Leidenschaftlichen
zu entsagen. Das Bescheidene bevorzugen, ohne das
Genießende zu unterlassen.

In seiner »Anekdote zur Senkung der Arbeitsmoral«
erzählt Heinrich Böll, wie ein Tourist einem am Strande
sitzenden Fischer einzureden versucht, er solle doch
seine Fangquote immer weiter erhöhen – bis er schließlich Besitzer einer ganzen Fischfangflotte sei. »Dann«,
sagt der Fremde mit stiller Begeisterung, »könnten Sie
beruhigt hier im Hafen sitzen, in der Sonne dösen –
und auf das herrliche Meer blicken.« »Aber das tue ich
ja schon jetzt«, sagt der Fischer, »ich sitze beruhigt am

Hafen und döse, nur Ihr Klicken hat mich dabei gestört.« Der solcherart belehrte Tourist zog nachdenklich von dannen; früher hatte er auch einmal geglaubt, er arbeite, um eines Tages einmal nicht mehr arbeiten zu müssen, und nun blieb keine Spur von Mitleid mit dem ärmlich gekleideten Fischer in ihm zurück, nur ein wenig Neid. Das »Carpe diem« und das »Memento mori« gehören zusammen – im wieder und wieder gesummten und gesungenen »Ubi caritas et amor Deus ibi est« scheint das auf, was ich Lebensglück nennen will.

9.

Niemand lebt davon, dass er viele Güter hat

Am Anfang der Bibel, in Genesis 2–4, wird erzählt, wie Adam und Eva den Garten Eden beglückt bebauen und bewahren. Paradiesische Zustände. Ohne Scham können sie leben in geistig-physischer Harmonie. Alles, was sie brauchen, ist ihnen gegeben. Und doch ist das Idyll getrübt. Der eine mächtige Baum in der Mitte des Gartens, er soll tabu sein. So sagte es ihnen die Stimme. Ein Verbot liegt wie ein Schatten über ihrem Glück. Es weckt einen Resthunger. Er lässt sie nicht zur Ruhe kommen, trotz der üppigen Fülle. Warum diese Grenze? Wozu soll sie dienen und gut sein? Warum verzichten, wenn man alles haben kann? Sie wollen wissen, wie das Leben schmeckt, wenn sie sich auch das Letzte nehmen. Es ist nicht ohne Tragik, dass wir den Sinn von Grenzen und Tabus oft erst verstehen, wenn wir sie überschritten oder gebrochen haben. Und so nehmen sie sich, was ihnen verwehrt bleiben soll, essen von dem Baum der Erkenntnis. Sie eignen sich alles an, in dem sie sich alles einverleiben. Ernüchtert finden sie sich jenseits des Paradieses in einer rauen Wirklichkeit vor, erzählt die Urgeschichte. Die träumende Unschuld aus der Zeit von Eden ist vorbei. Jetzt wissen sie es. Glück lässt sich nicht vermehren, wenn man alles haben und konsumieren kann. In ihrer Freiheit sind sie gefangen in einer Welt, in der sie auf verdorrendem, verdiesteltem, dornenreichen Feld zu einem Leben in harter Arbeit »im Schweiße ihres Angesichts« herausgefordert und verurteilt sind. Kein Wunder, dass der Kampf um Lebensweisen und Weidegründe in tödliche Konkurrenzen führt – bis zum heimtückischen Brudermord. Die Geschichte, die auf die Vertreibung aus dem Paradies folgt, ist mehr als eine ätiologische Sage über den Übergang vom Nomadentum zur Sesshaftigkeit mit bäuerlicher Land- und Viehwirtschaft. Nomaden kennen nur Nutzungsrechte. Zäune sind ihnen fremd. Mit dem Ackerbau aber kam die Idee des Privateigentums an Grund und Boden auf. – Das lateinische »privare«, rauben, also etwas zum persönlichen Besitz erklären, was zuvor wie ein von Gott gegebenes Lehen allen Erdenbürgern zugänglich war, diese Wortwurzel erinnert noch an diese Übergänge. Das Verfügungsrecht über Grund und Boden wurde zum Machtfaktor und Herrschaftsinstrument. Es wuchs zur Gier. Seitdem ist der Kampf um die Maximierung des eigenen Besitzes eine der Triebfedern der Menschheitsgeschichte. Und er wird mit allen Mitteln, bis hin zu Mord, Totschlag und Krieg geführt, wo ihn Gesetze nicht bändigen und einhegen.

Im Buch des Auszugs aus der versklavten Welt ins verheißene Land, in Exodus 16 wird erzählt, dass das Volk die Entbehrungen und Risiken, den langen Weg durch die Wüste satt hat. Das Herumirren zehrt an der Utopie, endlich einen Ort zu finden, an dem es sich gut leben lässt. Da kommen die Zugvögel zur rechten Zeit. Wie ein Wunder werden ihnen die Wachteln als Fleischspeise beschert – auch Brot gibt es. Der Schöpfer, so scheint es, hat das Murren seines (auserwählten) Volkes erhört. Im Morgentau finden sie auf der Erde etwas, was sie nicht kennen. »Man hu? – was ist das?« fragten sie. »Es ist das Brot, das euch der Herr zu essen gegeben hat«, sagt Mose. »Das ist's aber, was der Herr geboten hat: ein jeder sammle, so viel er zum Essen braucht, einen Krug voll für jeden nach der Zahl der Leute in seinem Zelte. Und die Kinder Israels taten's und sammelten. Einer viel, der andere wenig. Aber als man's nachmaß, hatte der nicht darüber, der viel gesammelt hatte, und der nicht darunter, der wenig gesammelt hatte. Jeder hatte gesammelt, so viel er zum essen brauchte.« (Ex 16,16–18)

Jeder soll so viel bekommen, wie er wirklich braucht und soll nicht horten, schon gar nicht andere übervorteilen. Der eine soll nicht mehr haben wollen als der andere. Das, was sie sammeln, aber nicht wirklich brauchen, verkommt sofort, wird schlecht, stinkt erbarmungslos gen Himmel. Diese Wüstengeschichte will dem Volk sagen: Begnügt euch mit dem, was ihr als tägliche Lebensration – für jeden und jede – bekommt. Solche Lebensweisheit findet sich wieder im Vaterunser-Gebet: »Unser täglich Brot gib uns heute«. Doch nie bleibt die Gier nach mehr aus.

In einer Gerichtsrede hält der Prophet Jeremia dem tollgewordenen Volk vor, dass es keinen Verstand hat. Jeremia ist kein regierungsamtlich bestellter Schönredner, sondern unbestechlicher Anwalt der Wahrheit. »Der Wahrheit nachsinnen – viel Schmerz«, notierte Georg

Trakl. Das schließt Publikumsbeschimpfung ein – und die Beschimpfungen durch die Beschimpften. Was er zu sagen hat, geht ihnen zu weit. Es geht unter die Haut: Die Leute haben Augen. Aber sie sehen nicht(s). Sie haben Ohren und hören doch nicht(s). Ihre Häuser sind so voller Tücke, wie ein Vogelbauer voller Lockvögel ist. Sie sind groß und reich geworden, fett und feist. Sie halten sich an kein Recht. Sie fördern nicht die Sache der Witwen und Armen, sehen über sie hinweg – ganz gegen ihre soziale Verpflichtung. Schärfer als Jeremia redet keiner. Die Reaktion bleibt nicht aus. Wie kein anderer bekommt er die Quittung. (Jer 5,21 und 27–28)

Jeremia hat sie alle im Blick: das Volk und seine Führer, die Reichen wie die Habenichtse. »Sie gieren alle, klein und groß, nach unrechtem Gewinn, und Propheten und Priester gehen alle mit Lüge um und heilen den Schaden meines Volkes nur obenhin, indem sie sagen: ›Friede! Friede!‹ – und ist doch kein Friede.« (Jer 6,13f.). Sie sind alle, jeder in seiner Weise verkommen. Wer kann, macht mit. Nicht Recht und Gerechtigkeit, nicht der *Schalom* erhöhen das Volk, sondern Eigennutz und Habgier triumphieren. Alles wird mit Tünche übergossen, gute Laune plakatiert, »Geiz ist geil« proklamiert. Es wird alles gut. Und der Erfolg ist in dir. Jeremia bleibt unerbittlich klarsichtig. Der Prophet muss sagen, was ist, damit es nicht bleibe, wie es ist. Den bestallten Weißwäschern gilt er als ein zu verachtender, als mundtot zu machender Schwarzmaler.

Der Prediger Salomo nimmt etwas von dem vorweg, was George Steiner um die Jahrtausendwende als

Signum unserer Zeit beschrieben hat. Eine »Müdigkeit im Kern«. Es ist das Lebensgefühl von Menschen, die im Dickicht der Verhältnisse keinen Sinn mehr erkennen. Der Gott der Väter hat sich entzogen und der Himmel ist ins Unendliche abgesunken. So steht es in der Bibel: »Unselige Mühe hat Gott den Menschenkindern gegeben, damit sie sich damit quälen sollen. Ich sah an alles Tun, das unter der Sonne geschieht, und siehe, es war alles eitel und Haschen nach Wind. Krumm kann nicht gerade werden, noch was fehlt, gezählt werden ... Und ich richtete mein Herz darauf, dass ich lernte Weisheit und erkennte Tollheit und Torheit. Ich ward aber gewahr, dass aber auch dies ein Haschen nach Wind ist. Denn wo viel Weisheit ist, da ist viel Grämen, und wer viel lernt, der muss viel leiden.« (Pred 1,13f. und 17f.; vgl. auch Pred 2,12–24 und 8,11–15)

Wer die Endlichkeit seines eigenen Lebens und seiner Generation nicht anerkennt, wird tief gestoßen werden: »Denn was kriegt der Mensch von aller seiner Mühe und dem Streben seines Herzens, womit er sich abgemüht unter der Sonne? Alle seine Tage sind voller Schmerzen, und voll Kummer ist sein Mühn, dass auch sein Herz des Tags nicht Ruhe findet. Auch das ist eitel.« (Pred 2,21–23) Was bleibt, ist das Glück der Gegenwart. Das ist der Horizont, in dem sich der Prediger im Blick auf das, was vergeht, tröstet. Zufrieden sein im Augenblick. »Ist's nun nicht besser für den Menschen, dass er esse und trinke und seine Seele guter Dinge sei bei seinen Mühen?« (Pred 2,24). Die Gegenwart nicht unter dem verinnerlichten Zwang der Fortschrittsideologie fortlaufend zu entwerten, sondern das Gegebene und Erreichte dankbar zu genießen, das ist die Lebenskunst, für die er in anspruchsvoller Selbstbescheidung wirbt.

Die »Habsucht (ist) eine Wurzel aller Übel« steht im 1. Timotheusbrief (1 Tim 6,10) des Neuen Testaments. Eine neuere Übersetzung spitzt diesen Satz noch weiter zu: »Geldgier ist eine Wurzel alles Übels; danach hat einige gelüstet und sie sind vom Glauben abgeirrt und machen sich selbst viel Schmerzen.« Wer viel hat, macht sich viel Sorge – statt sich zu sorgen um all die, die wenig haben und das zu genießen, was er das Glück hatte zu haben.

Nicht zufällig erzählen die drei ersten Evangelien unmittelbar nach der Taufe eine Versuchungsgeschichte. So beginnt Jesu Lebensweg und seine Reich-Gottes-Botschaft. Nach 40 Tagen Entbehrung – Fasten in der Wüste – erscheint ihm ein Phantom. Der Versucher stellt sich ihm in den Weg. Er bietet dem Entkräfteten, dem Dürstenden, dem Schmerzgeplagten all das, was ein Mensch im Innersten nur wünschen, ja im Stillen ersehnen mag. Macht. Wohlstand. Gesundheit. Er verspricht ihm Brot, die Gabe, selbst Steine in Brot wandeln zu können (Brot als Symbol für die Fülle der irdischen Güter), wenn er vor dem Versucher niederfällt. Der vom Hunger verfolgte antwortet in einem Zitat: »Der Mensch lebt nicht vom Brot allein, sondern von einem jeden Wort, das aus dem Mund Gottes hervorgeht.« (Mt 4,4b)

Die zweite Sucht des Menschen ist die Macht, die Machtbegier. Der Teufel weiß um die Schwächen des

Menschen. Da nun der Teufel ihm alle Reiche der Welt anbietet – also nichts Geringeres als die Weltherrschaft –, wenn er nur niederfällt und bereit ist, die Macht des Bösen anzubeten. Und er stellt ihn auf eine Zinne und verspricht ihm gewissermaßen ewige Gesundheit, denn er könne sich ja herabfallen lassen, denn es stehe in der Bibel geschrieben, dass ER seinen Engeln befohlen habe, ihn auf den Händen zu tragen. (Ps 91,11) Der Mensch hat die Freiheit, nein zu sagen, seinen kreatürlichen Impulsen nicht zu folgen, etwas zu unterlassen, wonach es einen drängt oder was einen anzieht. Und Jesus antwortet wiederum mit einem Bibelsatz: »Du sollst den Herrn, deinen Gott, nicht versuchen.« (Mt 4,7) Jesus besteht die Probe – als ein Mensch, der den drei elementaren Versuchungen standzuhalten vermag.

Nicht zufällig am Erntedankfest steht warnend vor dem Menschen ein Bauer, der Erfolg hatte (eine überaus üppige Ernte), jenes Jahr für Jahr gelesene Gleichnis »Vom reichen Kornbauern«. Unmittelbar davor steht die Mahnung des Menschensohnes: »Sehet zu und hütet euch vor aller Habgier; denn niemand lebt davon, dass er viele Güter hat.« Ein Kornbauer hat eine fulminante Ernte eingefahren, so viel, dass er nicht weiß, wo er ausreichenden Lagerraum für das Brotgetreide findet. Jener Bauer sorgt sich nicht nur um die Vergrößerung der Scheunen, sondern sagt zu seiner Seele: »Liebe Seele, du hast einen großen Vorrat für viele Jahre; habe nun Ruhe, iss, trink und habe guten Mut.« (Lk 12,19) Es wird nicht etwa in Frage gestellt, dass es sinnvoll ist, nun größere Vorratsspeicher zu bauen und den erarbeiteten und glücklich zugekommenen Reichtum zu mehren. Doch der so Erfolgreiche wiegt sich in dem Irrglauben, er habe jetzt das Lebensziel erreicht und könne guten Mutes sein. Er wird darauf verwiesen, dass er in der nächsten Nacht – am Herzinfarkt? – sterben wird.

Dem ging beim Evangelisten Lukas die Warnung voraus, doch bitteschön sich nicht um das Leben selbst zu sorgen, sich permanent damit zu befassen, was wir essen oder trinken sollen oder um das, was wir anziehen sollen, sondern vielmehr im Innersten und im Äußeren wissen sollen, dass Leben mehr ist als die Dinge, die wir haben können.

Jesus erkennt die kreatürlichen Bedürfnisse des Menschen an. Aber der Mensch soll auf anderes aus sein. Und dann wird ihm auch das, was er an Äußerem zum Leben braucht, zufallen: »Euer himmlischer Vater weiß, dass ihr dessen bedürft. Trachtet aber vielmehr nach seinem Reich, so wird euch das alles zufallen.« (Lk 12,30b–31) Das Leben nicht der Sorge unterwerfen, wohl aber dafür sorgen, dass man leben kann. In einer Gerechtigkeit, in der sich jeder auch für das sorgt, was sein Nächster hat und braucht. (Am 15.10.2013 steht in allen Zeitungen, dass 840 Millionen Menschen weltweit an Hunger leiden, dass andererseits genug Nahrungsmittel für alle produziert werden.)

Im Anschluss an stoisches Denken, wie an alte Selbstkasteiungspraktiken in frühchristlichen Klöstern, haben auch Christen im Angesicht der herzenskalten Prasserei der Reichen materielle Dinge hinter sich gelassen, dafür die geistig-geistlichen ausgelebt. In der Folge dieser sozialen und geistlichen Protesthaltung wurde das menschliche materielle Begehren (als Gier) generell diskreditiert. Wer aber menschliche Gier generell moralisch abwertet, weiß wenig von »den Menschen«, noch weniger über sich selbst – als ob er als einziger oder als einer der ganz wenigen davon ganz frei wäre.

Der Wunsch wird zum Vater des frommen Gedankens, wo Gier verdammt wird. Sie gehört, wie gesagt, zu den realen menschlichen Antriebskräften, die durchaus Wohlstand schaffen können, der auch unterschiedlich verteilt sein mag. Leistung muss auch materiell stimuliert und differenziert honoriert werden. Stärkere und Erfolgreichere haben auch für die da zu sein, die nicht mithalten (können). Wenn Gier aber zur vorherrschenden, alles Leben beherrschenden Triebkraft wird, ist sie moralisch, anthropologisch und sozial verwerflich. Wer aber wollte leugnen, dass sie eine so unverzichtbare wie unüberwindbare Antriebskraft für jede funktionierende, auf Konkurrenz und Effizienz beruhende Wirtschaft darstellt? Und dies ist nicht erst seit dem Zeitalter des Kapitalismus so.

Gier gilt es also nicht nur zu überwinden, sondern sie recht zu gebrauchen und darauf zu sehen, dass sie den Menschen nicht beherrscht oder gar zur vorherrschenden Tugend unserer Gemeinwesen wird. Wie sich der Christ kritisch und zugleich positiv auf die Welt, ausgleichende Gerechtigkeit suchend, einlässt, hat Ulrich Duchrow mit seiner paraphrasierenden Übersetzung eines Korintherbrieftextes eindrücklich gezeigt: »Seht doch eure Berufung an, Geschwister: Es sind nämlich nicht viele Weise von ihrer Herkunft her, nicht viele Mächtige, nicht viele aus den Elitefamilien unter euch. Vielmehr hat Gott die Ungebildeten der Welt erwählt, um die Weisen zu beschämen; und die Schwachen der Welt hat Gott erwählt, um die Starken zu beschämen. Und die Geringen und die Verachteten der Welt hat Gott erwählt, die nichts gelten, um denen, die etwas sind, die Macht zu nehmen. Das geschieht, damit sich kein Mensch aufgrund von Wohlstand und Erfolg von Gott unabhängig wähnt, denn durch Gott seid ihr mit dem Messias Jesus verbunden, der uns von Gott her zur Weisheit geworden ist, und zur Gerechtigkeit und Heiligung und Befreiung.« (1 Kor 1,26–30); (Ulrich Duchrow, Gieriges Geld. Auswege aus der Kapitalismusfalle, München 2013, S. 95)

Es ist ein Glück, das zu haben, was man zum würdigen Leben braucht. Ein anderes Glück ist, andere daran teilhaben zu lassen. Und sei's nur durch Steuern, die ein glückendes Gemeinwesen »steuern«. Das Abgeben und die Abgaben können mehren, statt zu verringern. Diese Lebensweisheit wird im Sprüchebuch der Bibel festgehalten: »Einer teilt reichlich aus und hat immer mehr; ein andrer kargt, wo er nicht soll, und wird doch ärmer.« (Spr 11,24)

10.

Das Doppelgesicht der Gier

Ob Gier zum Wesen des Menschen gehört, mag strittig sein. Unstrittig ist: Sie ist eine mächtige, triebähnliche Kraft, die wohl nur Heiligen fremd ist. Sie ist latent in uns da und bedarf nur weniger Anreize, um nach uns zu greifen und unser Sinnen und Trachten zu besetzen.

Fußballspieler zum Beispiel sind bis unter die Haarspitzen motiviert; sie sind hungrig, wollen unter allen Umständen mitspielen und gewinnen. Und wenn der Bundestrainer sagt »meine Spieler sind gierig«, dann meint er das als Kompliment: Sie sind hochmotiviert, man spürt es, wie sie sich auf dem Platz bewegen, sie verausgaben sich völlig, sie kämpfen bis zum Umfallen, in ihrer Spielfreude sind sie unwiderstehlich, es ist eine Lust, ihnen zuzusehen, sie spielen den Gegner an die Wand und geben bei Rückstand nicht auf. Das Blatt wendet sich schnell. Sie geben alles, sie geben 100 Prozent, sie spielen wie im Rausch mit dem »Publikum als 12. Mann«. Glücklich fallen sie beim Gewinnen in einen großen Umarmungspulk in- und aufeinander. Oder sie laufen mit gesenktem Kopf und herunterfallenden Schultern geschlagen vom Platz. Die (Be-)Gier zu spielen, der Genuss des Beifalls der Fans, das gefeierte Glück des Siegtors in der letzten Minute, das Unglück des verschossenen Elfmeters, all das bildet ein faszinierendes Konglomerat. Und Geld lockt, viel Geld. Spielgier verschwistert sich mit Geldgier. Der Topspieler bekommt einen Topmarktwert. Wer floppt, fliegt. Wer den Ball gut hält, steht bald gut da. Das Drama des Lebens vor aller Augen, jede Spielzeit neu.

Dass die Kampagne »Geiz ist geil« so erfolgreich sein konnte und in Varianten immer wieder neu aufgelegt wird, ist ein Hinweis auf die urwüchsige Energie jener beiden Geschwister Gier und Geiz. Sie stimulieren vitale Kräfte in uns. Fehlen sie ganz, versinken Menschen in antriebsloser Lethargie. Jede Anstrengung hofft zumindest am Ende auf einen Lohn. Das ist der Reiz. Sonst wirkt sie buchstäblich frustrierend und wird zur vergeblichen Mühe. »Ohne Fleiß kein Preis«, aber auch ohne Preis kein Fleiß. Das ist elementares Erfahrungswissen. Wer darauf verzichtet, Leistungswillen zu wecken, lockt keine Anstrengungsbereitschaft hervor. So hat der unnachahmlich kalte Patriarch Walter Ulbricht, als der egalitäre Sozialismus die Volkswirtschaft zu ruinieren drohte, 1959 die Parole ausgeben: »Wir brauchen materielle Stimuli, Genossen, materielle Stimuli. Ja?!« Er wusste um die Macht der im Akkord Arbeitenden nach einem entsprechend höheren Lohn, um die Gier auch nach Anerkennung und Besitz. Mit einem hoch differenzierten System von Orden, Ehrenzeichen, Titeln, Prämien, Privilegien und Posten wurde die »Sozialistische Menschengemeinschaft« gefüttert. Für die Korruption durch Geld fehlte damals, anders als im Westen, die materielle Basis. Nach 1990 wurde in der neuen Freiheit diese Benachteiligung blitzschnell ausgeglichen. Aus den Sowjetmenschen wurden die neuen Russen, die das Fell des Bären, das Volkseigentum, insbesondere die Bodenschätze ihres Landes unter sich zerteilten. Sie sind im kapitalistischen Westen angekommen. Schamlos tragen sie ihren Reichtum auf den Flaniermeilen der Metropolen zur Schau.

»Avaritia« steht im Lateinischen für Geiz und Habgier. Wie man es auch dreht und wendet: Die Habgier ist der Motor unseres Wirtschaftssystems. Wo Gier dominiert, wird Gewissen minimiert. Es sind erst sechs Jahre vergangen, seit die Welt in den ökonomischen Abgrund gesehen hat, als dreißig Billionen Dollar verbrannt wurden. Es wurden aber nicht nur etwa 60 Prozent des Aktienvermögens vernichtet. Eine nie wirklich bezifferte Zahl von Menschen verlor in der Folge Arbeit, Brot und Obdach. Früher nannte man das, was heute herrscht, abschätzig bis verharmlosend den »schnöden Mammon«. Der moderne Mammon ist nicht mehr schnöde, er ist chic. Er reüssiert als Cleverness durchaus jüngerer selbsternannter Eliten in Nadelstreifen. Ihre Ideologie der freien, unregulierten Finanzmärkte ist in Wahrheit der Tanz um das goldene Kalb, der rund um die Uhr an den Leitbörsen der Welt aufgeführt wird. Diese Unersättlichkeit den Menschen austreiben zu wollen, ist unmöglich. Aber das Leitprinzip Gier hat das Zeug, die Welt in den Ruin zu fahren. Das zeigte am sinnfälligsten das System des Bernie Madoff, der das bisher größte Schneeballsystem der Geldvermehrung aufgezogen hat. Die Reichsten der Reichen standen bei ihm Schlange, bis das Kartenhaus zusammenbrach und etwa 70 Milliarden Dollar einfach verschwanden, im Orkus der ungedeckten Schecks.

Das Humanum selbst steht zur Debatte, wo die Habgier zur weltzerstörerischen Kraft wird, die alles verschlingt. Ihr gegenüber wird jede dem Leben abgerungene Erfahrung und Weisheit totenblass. Jenes Menschheitswissen, wie es die Erzählung Tolstois vom Bauer Pachom, das Märchen »Von dem Fischer un syner Fru« sowie das »Gleichnis vom reichen Kornbauern« des Lukasevangeliums widerspiegeln. Die Habgier ist heute im Kanon der Todsünden die verlässlichste. Sie hat in der Menschheitsgeschichte ganze Reiche zerstört, Kulturgüter gnadenlos vernichtet, Kunstwerke geraubt, Städte und Tempel verbrannt, unterworfene Völker geknechtet und ausgequetscht. Sie fährt gnadenlos mit all ihren technischen Möglichkeiten, aber vor allem in ihrer hemmungslosen Dynamik über Kontinente, über Wälder und Felder, über Berge und Seen, über Heiligtümer und Lebensadern. Warum mussten Alexandria und seine Bibliothek untergehen, warum der Jerusalemer Tempel ebenso geschleift werden wie Warschau und dann Breslau, wie Rotterdam und dann Lübeck?!

Brecht hat in einer unüberbietbaren Präzision und Bildhaftigkeit beschrieben, in welchem Dilemma unsere Zivilisation gefangen ist. In seinem Lehrstück »Der gute Mensch von Sezuan« muss sich die gutmütige Shen Te immer in den hartherzig, auf Gewinn orientierten Shui Ta verwandeln, um gut und hilfreich sein zu können. Das ist auch der Grundkonflikt der Sozialen Marktwirtschaft. Sie kann nur das ausgleichend verteilen, was zuvor unter den Produktionsbedingungen des Kapitalismus an Mehrwert von vielen geschaffen wurde. In seinem »Dreigroschenroman« hat derselbe Brecht das so gegensätzlich auslegbare Endzeitgleichnis Jesu von den anvertrauten Talenten (Mt 25,14–30) in seiner kapitalistisch-affinen Variante ausgelegt. Die Vermehrung des eigenen Eigentums zulasten anderer in gnadenlosem Verdrängungswettbewerb ist aber nicht die einzig denkbare und schlüssige Deutung dieses Textes. Es lässt sich mit guten Gründen auch als Plädoyer für ein verantwortungsvolles, dabei durchaus gewinnorientiertes Leben mit allen mitgebrachten Gaben als anvertrauten Pfunden lesen – ganz im Sinne dessen, was das Grundgesetz in Art. 14 über das Recht auf Eigentum und über die Sozialpflichtigkeit des Eigentums vorgibt. Nicht verschwiegen werden kann, welche fatale Wirkung die dem Gleichnis später hinzugefügte Nutzanwendung »Denn wer da hat, dem wird gegeben werden und er wird die Fülle haben; wer aber nicht hat, dem wird auch, was er hat genommen werden.« (Mt 25,29) hatte.

Adam Smith, der so oft zu Unrecht als Marktideologe Gescholtene, hatte sehr wohl das zerstörerische Potential eines zur Gier gewordenen Eigeninteresses als Triebfeder der Volkswirtschaft im Blick, wenn das Gemeinwohl nicht geschützt wird. Er war Moralphilosoph und wusste genau, wie Raffgier das soziale Gefüge zersetzt und zerstört. Von Smith aber kann man auch lernen, dass es ohne Folgen bleibt, die Gier bloß moralisch abzuqualifizieren, ohne die eigene Empfänglichkeit für das Gierige zu erkennen und damit aufrichtig umgehen zu lernen. Um unseres eigenen und um des Schutzes der anderen willen brauchen wir Regeln und Institutionen, die diese autochthone, tief in uns verankerte Kraft zivilisierend einhegen.

11.

Die Macht des Geldes

Scheine knistern. Münzen klingen. In den Kirchen werden Klingelbeutel herumgereicht, jedem unter die Nase gehalten. Geld, wusste schon Brecht, macht sinnlich. Bereits den Kindern springt der schwerstreiche Dagobert Duck aus den Micky-Maus-Heften vom Sprungturm ins Bassin voller Geld. Dagobert ist der beneidete, listige, aus gutem Grund geizige Onkel. Er lebt die Faszination Geld, dessen Doppelcharakter nicht zu leugnen ist. Vieles mache unabhängig, schrieb Albert Camus, aber nur Geld mache wirklich frei. Es ist nicht zu bestreiten: Die Wahrheit dieses Satzes erfolgreich nachzuweisen oder in ihr unterzugehen – darin erfüllt oder erschöpft sich vieler Menschen Leben.

Mit allen Mitteln versuchen Menschen an Geld und dann an immer mehr Geld heranzukommen. Ob durch Arbeit, ob durch Kauf und Verkauf (auch des eigenen Körpers), ob durch Betrug, Diebstahl, Fälschung, Einbruch. Geld macht frei? Ja, frei auch von Bedenken, von Moral, von Anständigkeit. Geld lockert Bremsen und Hemmungen in uns. Geld ist Tauschmittel, Recheneinheit und Wertspeicher, vor allem aber: Fetisch.

Marx schrieb, dass das Geld der Kuppler sei zwischen dem Bedürfnis und dem Gegenstand, zwischen dem Leben und den Lebensmitteln. Wenn in einer

Gesellschaft die Unsicherheit zunimmt und zugleich der Investitionsgeist von Unternehmern abnimmt, dann wollen die Menschen doch trotzdem zahlungsfähig bleiben, wollen nicht all ihr Vermögen verlieren, bloß weil Unternehmen zugrunde gehen. Der Trieb, Geld zu sparen und der Trieb zu investieren und so Gewinn zu »generieren«, müssen im Gleichgewicht bleiben. Wird dieses Gleichgewicht gestört, gerät die Geldgier, die alles aufs Spiel setzt, zur Kehrseite der Angst, aus dem Spiel geworfen zu werden. Geld habe eine geradezu verkehrende Macht und »verwandelt die Treue in Untreue, die Liebe in Haß, den Haß in Liebe, die Tugend in Laster, die Laster in Tugend, den Knecht in den Herrn, den Herrn in den Knecht, den Blödsinn in Verstand, den Verstand in Blödsinn.«

Marx entdeckte bei Shakespeare, dass Geld nichts anderes sei als die sichtbare Gottheit, das entäußerte Vermögen der Menschheit. Alles, was der Mensch qua Mensch nicht vermag, das meine er durch das Geld zu vermögen. Geld sei die allgemeine Hure, »der allgemeine Kuppler der Menschen und Völker.« (Karl Marx, Ökonomisch-philosophische Manuskripte, Leipzig 1970, S. 226 und S. 224) Das nennen wir in Zeiten der Globalisierung »Weltwirtschaft«. Sie kompensiert Gottlosigkeit, indem sie Geld zum »allmächtigen Wesen« erklärt. Aus Schöpfung ward Wertschöpfung – hin zu einer Welt, in der die menschlichen Werte in eine gefährliche Erschöpfung getrieben wurden.

Ersann Marx auch den Rettungsweg? Er verstand viel von Ökonomie, von Akkumulation, von Interessen-

und Klassenkämpfen, aber fast nichts von menschlicher Psychologie, von Gewinn- und Überlegenheitswünschen jedes Einzelnen. Da er das Individuum nur als einen (sterblichen) Teil der Gattung und im Übrigen als Funktions-Partikel des »Ensembles der gesellschaftlichen Verhältnisse« definierte, wurde ihm der einzelne Mensch zum Abstraktum. Damit war der Weg für die kommunistischen Kaderparteien gewissermaßen vorgezeichnet: Du bist nichts, das allwissende Kollektiv aber ist alles.

Es ist Marx persönlich nicht anzukreiden, doch sein Menschenbild wurde zur Blaupause roter Verbrechen. Ganze 130 Jahre lang war bewusst überlesen worden, was Marx mit Engels zusammen im »Kommunistischen Manifest« formuliert hatte: »An die Stelle der alten bürgerlichen Gesellschaft mit ihren Klassen und Klassengegensätzen tritt eine Assoziation, worin die freie Entfaltung eines jeden die Bedingung für die freie Entfaltung aller ist.« Um die freie Entfaltung eines *jeden* war es ursprünglich einmal gegangen, dann wurde dieser Satz in jenes Gegenteil verkehrt, bei dem die Freiheit aller zu Bedingung der Freiheit des Einzelnen wurde. Den Freiheits- und Entfaltungsraum legte die Partei-Führung fest und nannte das »die Diktatur des Proletariats«. Die Idealvorstellungen vom Menschen und einer friedlichen, gerechten Gesellschaft bekamen totalitäre Züge, und der Selbstbetrug, Sieger der Geschichte zu sein, wurde zur einschnürenden freiheitsfeindlichen Staatsideologie.

Nun steht aber doch fest, dass Egoismus bzw. ein ganz natürliches Eigeninteresse in jedem System wirken, also entsprechend unterdrückt oder geweckt, kanalisiert oder losgelassen werden. Selten geschieht balancierte Steuerung. Der von der Linken als Begründer einer kalten Marktwirtschaft geziehene Adam Smith verstand im Gegensatz zu Marx sehr wohl etwas vom Menschen und hatte sehr wohl eine Moral. »Als die Natur den Menschen für die Gesellschaft bildete, da gab sie ihm zur Aussteuer ein ursprüngliches Verlangen mit, seinen Brüdern zu gefallen, und eine ebenso ursprüngliche Abneigung, ihnen wehe zu tun.«

Smith befasste sich gerade nicht nur mit Vernunft und Kalkül, sondern auch mit Gefühlen als Quellen des Wissens über das, was moralisch angemessen sei. Man kann von Einfühlungsvermögen sprechen – als einer Art Rückkopplungsprozess zwischen dem Einzelnen, den erlernten Moralvorstellungen im menschlichen Miteinander mit Tugendregeln – bis hin zum kategorischen Imperativ. All das hat natürlich Konsequenzen für die Ökonomie, im Kleinen wie im Großen. Jeder nimmt seine Interessen wahr, aber er soll sie nach Smith so wahrnehmen, dass auch die anderen ihre Interessen wahrnehmen können. Ausgleich der Egoismen. Auf diese Weise geht es um einen mehr oder weniger zivilisierten Konsens der Konfliktlagen, nicht vordringlich um Machtgebrauch, der über den Einzelnen hinwegwalzt.

Natürlich bleibt jenseits des Ideologischen unbestritten, was Marx und Engels an ökonomischer Analyse leisteten. Dem heutigen weltkapitalistischen Giersystem ist als Spiegel vorzuhalten, was im »Kommunistischen

Manifest« von 1848 über gewissenlose Handelsfreiheit steht.

Diese hat sich seit der Entgrenzung der Welt, Globalisierung genannt, zur Weltdiktatur der Gier ausgewachsen. Ob es gelingt, sie noch einmal einzufangen, wird zur Überlebensfrage der Gattung – sofern sie sich dem Humanum und dessen lebenswerter Zukunft noch verpflichtet weiß. Denn alle rennen nach dem Glück der Zukunft, die in der Gegenwart bereits verspielt wird.

12.

Vom Marxismus zum Marktismus

Nicht ingenieurstechnisches Können baut die sturmfestesten Schiffe, sondern bekanntlich die Sehnsucht nach dem Meer. Auch die Gier baut an der Welt, meißelt in Stein, wuchtet hoch, errichtet Festungen aus Glas und gleißendem Glanz. Bertolt Brecht schrieb 1929 ein Singspiel, in dem er gleichsam eine Hauptstadt der Gier erfand – Mahagonny wurde zur Metapher einer rauschhaften Gesellschaft gegen einengende Gesetze, gegen angeblich fade sittliche Gebote, gegen Ordnung und Mäßigung. Eine Stadt, in der nur ein einziges Gesetz gelten würde: »Vor allem achtet scharf / Dass man hier alles dürfen darf.« Mahagonny, eine Metropolis der ungehemmten Gier nach Geld und Geltung, wie aus der Welt herausgehauen und doch deren trefflichster Ausdruck.

Ein längst historienstaubiges Musicalspiel? Heiser geworden im Agitationsbetrieb der umkämpften Zeitläufte? Wie so oft: Was mit einem müden Abwinken verabschiedet wird, kommt eines Tages als Gespenst zurück, besetzt Denken und Fühlen neu, als wäre es nie anders gewesen. Die Zeiten wechseln, aber sie scheinen sich kaum zu ändern: Das kritische, erschrockene, warnende Bedenken der kapitalistischen Gier, wie es Brecht aufspießte, ist nicht Historie, ist keine Diskussion über rein individuelle Fehlmoral – es wurde wieder, und bedrängender denn je, zu einem sorgenvoll debattierten Gesellschaftsthema. Gestützt ausgerechnet durch Beschwörung eines bürgerlichen Hauptwertes, der Freiheit: im Plädoyer nämlich für ein freies Spiel der Kräfte. Ausgangspunkt für so eine Gesellschaft ist der kaum zähmbare Elementartrieb des Menschen: der Egoismus – der bei aller Gefahr des Grobianischen doch ein Motor für Konkurrenz und damit für gesteigertes und unablässiges Schöpfertum ist. Dieses Menschenbild nimmt freilich bedenkenlos eine biologische Gebundenheit des Einzelnen an den Drang zur Stärke als gegeben und unabänderlich hin, nennt dies Realismus und spricht dort, wo diese Stärke voll ausgelebt wird, von gelingender Freiheit. Durchsetzungsenergien, die aufeinanderprallen, halten die Gesellschaft also in einem zitternden Frieden – aber ändern doch nichts am Grundgesetz, dass sich jeder selbst der Nächste sein darf und alles Recht zuvörderst eines des Erfolgreichen, Stärkeren, Gesünderen, Begüterteren bleibt. Der Schweizer Schriftsteller Urs Widmer spricht vom »grobschlächtigen Darwinismus« als Grundgesetz der Moderne. Was herrscht, ist die kalte Souveränität der Ökonomie. Rundum eine Welt des Enterbtseins – für den Sinn des Daseins gibt es keinen Zuschuss mehr aus einer wertkonservativen Traditionsgesellschaft und keine wirklich helfende Antwort mehr auf die Frage: Wie soll ich leben? Güter und Informationen – das muss reichen, doch es reicht natürlich nicht. Und: zur Welt zu kommen, in wörtlichem Sinne wie in der Bedeutung eines Bewusstwerdungsprozesses – es muss heute leider zuallererst verstanden werden als

Aussicht, zu kurz zu kommen. Diese Gewissheit setzt eine Krankheit in Gang, die sich Fitness nennt: jung bleiben zu wollen, um unangreifbar zu werden. Der Schriftsteller Friedrich Dieckmann spricht vom »In-Sicht-Kommen der Folgen eines rein technizistischen Fortschritts, dessen inneres Gesetz nicht mehr die Ausbeutung des Menschen durch den Menschen ist, sondern die Abschaffung des Menschen durch den Menschen«. (Friedrich Dieckmann, Die Geduld der Politik, in: Neues Deutschland, 21.12.2002)

Nun ist der Furcht, im Gier-Clinch von sozialer Tilgung betroffen zu werden, am allerwenigsten im Einzelkampf zu begegnen, aber nur Einzelkämpfe scheinen noch stattzufinden, ohne Rückhalt etwa in einem ständischen Selbstbewusstsein. Zeichen der Konditionierung für diesen Kampf finden sich überall, und in diesem Kampf lauert jenes eigentliche gesellschaftliche Gefahrenpotenzial, für das Steuer- und andere Reformdebatten nur die Folie einer bemühten, hilflosen Gesellschaftssorge bilden: Es gibt im Öffentlichen nämlich eine werberische Aggressivität, die als neue Rassenlehre, als Hygiene des Inhumanen bezeichnet werden darf. Sie zielt nur auf das Ego. Alles ist auf Reinheit programmiert. Auf Überbietung. Der schöne Mensch. Das noch schönere Wohnen. Der gesunde Körper. Das noch gesündere Essen. Die Powerfrau. Schon die Kinder apart und schrill wie Modekönige. Fitness und Wellness für ein einziges Ziel: die Ausstaffage des Ich als beste Geschäftsgarantie. Als sei Schönheit nicht mehr nur auf Widerruf geliehen. Die Freizeit als Trainingslager derjenigen, die wissen, worauf es ankommt: Zukunft ist noch immer im Anzug, aber auf die Marke des Anzugs kommt es an.

Dieser militante Mythos des Sauberen, diese Aggressivität des Perfekten, bei der nur unter die Haut geht, was schon auf der Haut eindeutig ablesbar ist als ein porentiefer Zugehörigkeitsstempel – es verwandelt selbst noch ein natürliches Streben nach optimaler Lebensgestaltung in einen indirekten Vorwurf an die Zögerlichen und die Trägen: Jeder Jogger arbeitet bereits mit an der Zwangsneurose der Ertüchtigung. Jeder sportive Selbstüberwinder setzt einen Baustein in jene Mauer, die Aktive von Passiven und die Schnellen von den Langsamen trennt. Jeder diätbewusste Asket im Dienste des Managements hinterlässt den sphärischen Nachgeschmack, dass es vielleicht doch wieder wertes und unwertes Leben gäbe, und dieses Unwerte wäre: Abspaltung von der Norm des Fleißes; Unterscheidungswillen vom Karrieristen; Entfernung aus jener Uniformität der schnittigen Mittigen, die sich selbstredend als ungebundene Individualisten feiern – obwohl sie eine Masse der Austauschbaren sind. Jeder durchtrainierte Gesundbeter repräsentiert unbewusst ein System der unzähligen menschlichen Halbfabrikate, die den gesellschaftlichen Auftrag akzeptieren, sich selbst zu brauchbaren Fertigprodukten weiterzuverarbeiten.

Das ist das obwaltende Gesetz, unter dem »Designer-Individuen« (Peter Sloterdijk) ihren Vormarsch durch die Gesellschaft angetreten haben. Sie bevölkern

Einkaufspassagen und bunte Titelseiten, Lounge Bars, Fernsehsoaps und Telefondienste. »Was kann ich für Sie tun?« ist der Standardsatz der modernen Dienstleistung, eine Überrumpelungsleistung der Freundlichkeit – aber was überall strahlt und die Gesichter und Stimmen »belebt«, ist nicht Neugier und Zugeneigtheit, sondern die blanke Angst der Menschen davor, nicht rechtzeitig etwas aus dem zu machen, was man aus ihnen längst gemacht hat. Der Philosoph Günther Anders sagt, unser Innen werde mit Lieferwaren vollgestopft. Je vollständiger, ganzheitlicher eine Macht, desto stummer dürfe ihr Kommando sein: Irgendwann tun wir nur das, was uns angetan wird; irgendwann wird nur gedacht, was uns zugedacht wird; irgendwann wird nur noch benötigt, was uns aufgenötigt wird. Im Gegensatz zum Edelegoisten, der religiös davon entzückt ist, dass es ihn gibt, und der eine ihm aufgedrängte soziale Vorteilssucht als gute Gangart der Geschichte auslebt, existiert da aber noch der Gehemmte, der Ungeschmeidige: Lust am Leben darf er immerhin daraus beziehen, dass er die Gesünderen, Ehrgeizigeren, Erfolgreicheren medial anstaunen darf – Selektion hat auch ihre gnädigen Seiten.

Es stellt sich angesichts dieser Verwerfungen die Frage nach einer Wertepflege des grundgesetzlich verbrieften Humanen. Da aber regierende Politik sich zusehends nur noch als Notverordnerin, als geprügelte Pflichtverteidigerin des Interessenausgleichs verstehen darf, geht jene Selektion weiter. Sie kann offenbar darauf setzen, dass der Politik nicht die Geduld ihres abgelebten Geistes ausgeht. Ist es die Geduld der Menschennatur? »Ich höre lauter Schreie, aber die Menschen gehen ihrer Wege. Es sind alles heitere, verdrängende, mit Bedacht wegschauende Besiegte. Wir sind krank, und der Arzt in uns ist tot.« Das schrieb der Dichter Ferdinand Bruckner, zu Beginn des 20. Jahrhunderts. Gestern ist heute. Mahagonny ist noch immer eine blühende Stadt.

Eine Alternative dazu ist immer schon jene andere Projektion von Gesellschaft gewesen, die aus akzeptierter Ambivalenz der menschlichen Natur doch eine Verantwortungsethik entwickelt. Deren Ausformung war stets abhängig von der jeweiligen, in Jahrhunderten oder gar Jahrtausenden entstandenen Kultur und religiösen Orientierung. Aber gegen den betonierten Egoismus wird in dieser Gesellschaftsvorstellung auf jeden Fall die Hoffnung einer Verwandlung gesetzt: Es ist die mögliche Verwandlung des Gewinnwitternden in einen Mitfühlenden, des Beutemachers in einen Solidarischen.

Nicht dass die Zerrissenheit des Menschen je aufgehoben wäre, nicht dass der Besitzsinn ausgetrocknet werde, nicht dass der Vorteil oft genug dem Teilen geopfert würde, nein, aber der Gesellschaft möge allzeit angesehen werden, wie sie um soziale Balance ringt, wie sie in Sorge um Gewährung grundlegender Lebensrechte (die weiter reichen, als es Hartz-IV-Gelder ermöglichen) bis an die Grenze ihrer Möglichkeiten geht, wie sie sich am Paradoxon quält, unabänderliche Ungerechtigkeit doch wenigstens möglichst gerecht stattfinden zu lassen.

Es ist dies der Traum von einer Gesellschaft, die Menschsein nicht als Gegebenheit nimmt, sondern als etwas noch Ausstehendes an Güte – dem aber aktiv entgegengelebt werden kann. Es ist der Traum von Menschen, der in der schwierigen Differenz zwischen Ideal und Wirklichkeit gleichsam seinen Ort, seine Freiheit findet. Eine Freiheit nicht von etwas oder allem, sondern eine Freiheit für etwas, für alle. Nicht besinnungsloses Raum-Greifen, sondern Raum-Schaffen für Besinnung und Begreifen, nämlich: dass die Welt mehr ist als der gewaltige, lichtverdunkelnde Horizont der Besitztümer.

Mit dem marxistischen Menschenbild erreichte die Vorstellung vom gestaltenden, wohlfahrtsgeprägten, von Ausbeutung befreiten Individuum seinen Höhe – wie auch den von den Betreibern des Gesellschaftsmodells bis zum Schluss uneingestandenen Tiefpunkt. Da das Grandiose der kapitalistischen Produktion zugleich das Grauen der Ausbeutung und die dem Effizienzsystem innewohnende Gier nach Geld ins Unermessliche steigere, müssten die sozialen und politischen Verhältnisse der Entfremdung umgestoßen werden. In diesem Sinne loderte schon in den Frühschriften von Marx der gerechte Zorn gegen eine Welt, darin der Nichtbesitzende erniedrigt, beleidigt, verachtet und geknechtet wurde. Dass der Mensch das höchste Wesen sei, schließe Sorge für seine Schwäche ein, nämlich: auch höchst schutzbedürftig und höchst schutzwürdig zu bleiben.

Die Tragik dieser weit ausschwingenden Utopie lag im Umstand, dass mit der sozialen Befreiung der Unteren sich im 20. Jahrhundert ein neues Oben herausbildete, das unter der Diktatur der leninistischen Kaderpartei unbarmherzig die sogenannte Vergesellschaftung des Menschen betrieb. Immer wieder wurde in der DDR Marx zitiert: Das Sein bestimme das Bewusstsein. Propagandistisch zielte das auf die Vorherrschaft des Sozialen bei der Betrachtung des Menschen. Aber entstanden war längst eine Gesellschaft, in der das Bewusstsein zum alles entscheidenden Druckmittel gemacht worden war, um vom Realen der Widersprüche, vom Wirklichen des Niedergangs abzulenken und den natürlichen Konflikt zwischen Individuum und Sozialität für nicht existent zu erklären. Alle Moral wurde zu einer Moral des Dankes degradiert, Dank für Bildung, Dank für Frieden, Dank für Wohnung, Dank für die Arbeitsstelle. Wo aber alles aus den Verhältnissen heraus erklärt wird, gerät jede Kritik an diesen Verhältnissen zum moralischen Vergehen, und wo diese drückende Logik von Menschen, aus Angst um den Lebenserhalt, verinnerlicht wird, dort verelendet Moral bei den Einzelnen in Anpassung, Gleichgültigkeit und Realitätsflucht.

Immer ist der Mensch mehr als nur jenes Ensemble menschlicher Verhältnisse, als das er schon in der berühmten 8. Feuerbachthese von Marx definiert wurde. Genau genommen wuchs sich der »Sozialismus« des 20. Jahrhunderts in bewusster Verdrängung dessen zu einem Versuch aus, das Individuum in einem rein staatlichen Interesse aufzulösen; just das ehrenwerte Prinzip des Gemeinwohls steigerte sich unter Mauerbedingungen zur alltäglichen Gemeinheit des Freiheitsentzuges.

Dieses System ist zu Recht untergegangen, und mit diesem Untergang kam das utopische Denken in seine bisher größte und anhaltende Krise. Teil dieser Krise ist nun das Erschrecken, gar die Empörung, die man auslöst – dann nämlich, wenn man den Versuch unternimmt, dem Kern dieser Utopie – im Widerpart zur Gier-Gesellschaft – noch einmal etwas Gutes abzugewinnen. Es gibt sehr einfache Worte für diesen Kern des Guten: Jeder Mensch soll Arbeit haben, jeder soll von seiner Hände Arbeit leben können, jeder hat ein Recht auf Ausbildung, Wohnung, und jeder hat ein Recht auf die Befriedigung seiner materiellen und kulturellen Lebensbedürfnisse.

Eine parteikommunistisch regierte politisch-soziale Welt, die den Markt und die Konkurrenz abschaffte und die im Namen des Fortschritts immer weiter ins Gewalttätige und Menschenverachtende fortschritt, konnte auf Dauer ihre angemaßte geschichtliche Erlöserrolle nicht mehr halten. Auch weil diese Gesellschaft nie zu den Tiefen eines Denkens vorstieß, in dem Entfremdung etwas ist, das man nicht einfach wegagitieren kann. Entfremdung gehört unabtrennbar zum Leben. Das Eigene als Wert, der einem bewusst wird durch die Erfahrung des Fremden – das setzt aber auch schöne Neugierde auf das Fremde voraus. So entsteht der Wille, sich die Welt anzueignen. Jede Aneignung öffnet freilich neue Felder der Unsicherheit. Wir können uns nichts zu eigen machen, ohne uns in die Fremde zu begeben. Und dies ist das Risiko der Freiheit. Hier nun sind wir wieder mitten in den Wirkkräften des Marktes, der immer wieder neu umtanzt, erobert werden muss, aber der als Wert situationsbedingt eigensüchtig seine selbstbewusste Präsentation betrieb, als die Planwirtschaft niederknickte. Elmar Altvater prägte den Begriff des »fossilen Kapitalismus«, der mit den altvorderen Rohstoffen in einem Rumor und Furor die Zukunft höchst effizient vernichtet wie nie zuvor.

Ist es nicht just diese unkontrolliert gewordene Eitelkeit, diese uneingeschränkte Kapitalgier, diese rücksichtslose Effizienz, die Herzkälte gegenüber einer ausblutenden Natur, die mehr und mehr an jene revolutionären Ursprungsideen denken lassen, an den Traum, sie ließen sich trotz aller bisheriger Erfahrungen verwirklichen? Erfahrungen, die doch in den Hoch-Zeiten der wirklich sozialen Marktwirtschaft um ein Vielfaches kräftiger zu Buche schlugen als in den Jämmerlichkeitsexperimenten des Ostens, der »Sozialismus« sagte, aber dem Materialismus des Westens doch immer nur, niveaugesenkt, hinterherhechelte.

Das Marktprinzip hat gesiegt, aber darf es unumkehrbar ein Sieg sein, der dem Menschen Gier als Tugend einpflanzt und ihm ermöglicht (ja, ihn zwingt), in jeder Hinsicht aggressiver als sein jeweiliger Konkurrent zu sein? Überhaupt nur immer denken zu müssen, jeder Mensch sei ein Konkurrent? So wie jeder denken soll, er sei Kunde. »Shopping is coming home«, steht in gigantisch großer Schrift auf einer Werbefläche, dort, wo in Berlins Mitte das größte Kaufcenter der Stadt gebaut ist. Heimkunft im Shoppen: Weiter weg kann Fremde nicht sein. Die gesellschaftsgestützte Gier des heutigen Menschen ist verbunden mit seiner Selbstüberhebung, diesen Planeten Erde verfressen und versaufen zu können, ohne an Gefahren der Selbstvernichtung denken zu müssen. Wir wissen gar nicht, wie bitter wahr das Wort vom »Endverbraucher« ist – wer heute Fleisch kauft, kauft Schuldfleisch, Fleisch voller Schuld an der Kreatur. Unsere Fleischfressgier peinigt die Mitgeschöpfe in gnadenloser, tierquälerischer Weise, dass es zum Himmel schreit.

Das besagte sogenannte freie Spiel der Kräfte fesselt den Menschen auch an die böse Einsicht, er müsse mehr aushalten, als dem sozial und mitmenschlich gepolten Ich gut tut. Ich – was ist das noch? Was hat es gefälligst zu sein? Die Trendforschung spricht längst von den Lockungen und Notwendigkeiten eines völlig neuen »Bindungsmarktes«. Bindung erscheint hier als Gebot von Zweckmäßigkeit und Nutzungsvorteil. Den Gesundheitstrend wird künftig die »Selbstmedizin« bestimmen – so wie auch »Selbstvermittlung« und »Selbstorganisation« begriffliche Festschreibungen eines unausweichlichen Rückwurfs sind: des Rückwurfs auf die Hochkultur der durchtrainierten Egoisten.

Eine Gesellschaft aber, die nach dem schnellen Gewinn trachtet und keine Mehrgenerationenperspektive mehr hat, ist eine Gesellschaft, die eine künftige Welt ohne Kinder und Kindeskinder denkt. Der Mensch wird dem Menschen ein Wolf – homo homini lupus. Das Gegenbild heißt: Der Mensch ist dem Menschen ein Mensch – homo homini homo. Wie wird Rücksicht endlich zu einem lebensdienlichen Handlungsprinzip?

Wie wird Rücksicht endlich zu einem lebensdienlichen Handlungsprinzip, statt weiter, mit Thomas Hobbes, den großen Leviathan zu beschwören?

Jeder Mensch trägt eine persönliche, eine berufliche und eine politische Verantwortung in seinem Lebensumkreis, und er trägt eine nationale, transnationale und transgenerative Mitverantwortung. Der Kulturphilosoph Klaus Meyer-Abich hat 1984 eine Stufenleiter der Rücksichtnahme aufgestellt (Wege zum Frieden mit der Natur, München/Wien 1984, S. 23):

»1. Jeder nimmt nur auf sich selber Rücksicht.

2. Jeder nimmt außer auf sich selber auf seine Familie, Freunde und Bekannten sowie auf ihre unmittelbaren Vorfahren Rücksicht.

3. Jeder nimmt auf sich selber, die ihm Nahestehenden und seine Mitbürger bzw. das Volk, zu dem er gehört, einschließlich des unmittelbaren Erbes der Vergangenheit Rücksicht.

4. Jeder nimmt auf sich selber, die ihm Nahestehenden, das eigene Volk und die heute lebenden Generationen der ganzen Menschheit Rücksicht.

5. Jeder nimmt auf sich selber, die ihm Nahestehenden, das eigene Volk, die heutige Menschheit, alle Vorfahren und die Nachgeborenen Rücksicht, also auf die Menschheit insgesamt.

6. Jeder nimmt auf die Menschheit insgesamt und alle bewusst empfindenden Lebewesen (Individuen und Arten) Rücksicht.

7. Jeder nimmt auf alles Lebendige (Individuen und Arten) Rücksicht.

8. Jeder nimmt auf alles Rücksicht.« (Klaus Michael Meyer-Abich, Wege zum Frieden mit der Natur, München 1984, S. 23)

Wir sind verloren, wenn nicht wieder Demut zum allgemeinen Empfindungsgut wird, das uns durch die Tage führt, durch alle Hast und Leistungsnot. Wir sind verloren, wenn uns das Wissen um die eigene Vergänglichkeit nicht einsichtsvoll bändigt. Wir sind verloren, wenn wir uns nicht wieder einfügen in die Gesetze der Natur, deren Teil wir am allerwenigsten in der fatalen Logik sind, dass der Stärkere den Schwächeren besiegt.

Der Prediger Salomo, der große Skeptiker mit nihilistischem Einschlag, mit der List der Wahrheit ins Heilige Buch eingeschmuggelt, tröstet sich selber, tröstet seine Hörer über den garstigen Graben der Geschichte mit der Wahrheit unseres unaufhaltsamen Vergehens hinweg. Glück hängt von der Vergänglichkeit ab – und der Mensch kann beglückt sein *in* seiner Arbeit, nicht *nach* ihr und tut sich gütlich, als ob er alle Zeit der Welt hätte. Glück ist Glück im Augenblick, im vorübergehenden Genießen.

Die jede Vergänglichkeit verleugnende Gierstadt Mahagonny ist zur Gleichnismetropole einer Moderne geworden, in welcher der Glanz der Riesenstädte nicht über deren Urgrund hinwegtäuschen kann – einen Baugrund, der so hart wie sumpfig ist, und dessen Tragfähigkeit für unablässige Welt- und Warenschöpfung doch eines nicht vergessen macht: Er verschlingt letztlich alles und jeden. Und das in immer schnellerem Tempo. Einzig die Weisen der Welt bilden eine Ökumene des Geistes und der Hoffnung. Laudse sagt es: »Du weißt, das Harte unterliegt.« Das weiche Wasser bricht den Stein. Wer's glaubt, wird selig. Diesen Satz, bewusst ohne jede Ironie ausgesprochen, können wir zum aktivierenden Impuls machen. Spero contra spem. Ich hoffe wider alle Hoffnung.

13.

Das Giersystem – Reichtum als Diebstahl

2,5 Millionen Euro wollten im Jahre 2010 Ungenannte und Unbekannte für die brisanten Daten über geheime Schweizer Konten vom deutschen Staat einstreichen. Sie sind aus dem gleichen Holz geschnitzt wie die, die sie verpfeifen. Sie wollen keine Straftat offenlegen und dazu beitragen, dass kriminelle Machenschaften geahndet werden. Die gestohlenen Daten sind für sie Mittel zum Zweck. Sie wollen, wie die Steuerbetrüger, die sie auffliegen lassen, Cash machen. Sie wollen Kasse machen und noch einmal absahnen, bevor durch Abkommen und Gesetze das Hinterziehen von Steuern erschwert und mit höheren Strafen geahndet wird. Das ist ihr »Geschäftsmodell«: die Chance, die sich so vielleicht nicht mehr bieten wird, die Gelegenheit nutzen, bevor sie vorbei ist. Sie sind Zocker wie die reichen Nimmersatts. Sie halten sich für so clever, beim Diebstahl der Daten nicht erwischt zu werden. Viel Geld ohne eigene Arbeit – nur aufgrund krummer Deals. Wo werden sie, wenn ihnen Anonymität zugesichert wird, ihren Hehlerlohn wie versteuern?

Ein Dilemma für Staat und Politik. Soll, darf man sich solcher diskret-krimineller Helfer bedienen? Heiligt unter diesen Bedingungen der Zweck die Mittel? Soll sich der Staat auf die folgenlose Empörung beschränken, dass es Länder, selbst in unmittelbarer Nachbarschaft gibt, die sich »Standortvorteile« verschaffen, indem sie über Steuerbetrug hinwegsehen? Soll er aus Gründen der Rechtsstaatlichkeit die Hehler ins Leere laufen lassen und solche Machenschaften ablehnen, um den Preis, dass sich die millionenschweren Steuersünder weiter in Sicherheit wiegen können? Wenn er gierige Hehler nicht verfolgt, macht er sich selbst der Hehlerei schuldig. Aber muss er in den konkreten Fällen sich nicht in die Grauzone dieser Illegalität begeben, um Reiche, die sich ihrer Gemeinwohlverpflichtung giergesteuert entziehen, vor Gericht zu bringen? Des Fragens ist kein Ende.

Von Keinem derer, die ihr Vermögen verschleiern, war zu hören, dass er sich über die Segnungen eines funktionierenden Staates beschwert: seine Infrastruktur (von der Schule über die Universitäten bis zur Polizei und die Straßen), Rechtsicherheit, eine funktionierende Verwaltung, innere Sicherheit, die er durch ein soziales Netz gewährleistet und die Unruhen zu vermeiden hilft, verlässliche Planungsbedingungen für wirtschaftliches, Gewinn bringendes Handeln, um nur einige zu nennen. Sie werden gefordert und genutzt, ohne die Bereitschaft, sich durch Steuern an ihren Kosten zu beteiligen. In ihrer schamlosen Gier sind die plutokratischen Eliten für diesen Widerspruch blind.

Aber zugleich bleibt wahr: Wer die zweifellos zwielichtigen Daten nutzt – und die zwielichtigen Überbringer honoriert, tut Unrecht. Und es bleibt Unrecht, auch wenn der Staat sich in einer nachvollziehbaren Abwägung der konkurrierenden Normen dafür entscheidet, um viel größerem Unrecht zu begegnen und auf eine gewisse Abschreckung zu hoffen. Der rechtliche und moralische Dammbruch lässt sich nicht wegreden. (Kein geringerer Dammbruch ist im Übrigen die heutige Nutzung von unrechtmäßig erhobenen Erkenntnissen der Stasi über jedermann.)

Der Konflikt zwischen Legalität und Moralität bzw. Legitimität in dieser Frage ist nicht aufhebbar. Letztlich spiegelt sich in ihm eine der elementaren Antriebskräfte des Kapitalismus wider. Nach dem Ende der bipolaren Welt und ihrer stabilisierenden Systemkonkurrenz schaukelt sich am Ende der Geschichte (Fukuyama) eine, scheinbar durch nichts zu begrenzende, hemmungslose Gier auf. Sie ist der Geist aus der Flasche neoliberaler Zauberlehrlinge, der sich unmerklich verselbständigt hat, nach innen über Parolen wie »Geiz ist geil« und nach außen getrieben durch von Algorithmen gesteuerte, automatisierte Finanzmärkte, die virtuelles Geld generieren, ohne Rückbindung an reale Werte. Horaz vermerkte in seinen Oden lebensklug und weise: »Doch Sorge folgt und nimmersatte Gier dem wachsenden Gewinn.« Sie hat, so scheint es, fast alle Lebensbereiche in ihrem Würgegriff und wie eine Epidemie diejenigen infiziert, die zigfach mehr verdienen oder angehäuft haben, als sie je wirklich »verdienen« konnten oder je zum Leben bräuchten. Gewissensresistenter Gier von Hedgefondsmanagern und Aktionären werden Woche für Woche hunderte, ja tausende Menschen mit ihren Arbeitsplätzen geopfert.

Die Schlagzeilen, die der Erfolgskonzern Siemens produziert hat, sprechen für sich. Es ist an Heuchelei kaum zu überbieten. Siemens-Bosse halten hehre, in ihrer Abgeschmacktheit an moralträchtige Predigten erinnernde Ansprachen über die qualifizierten Mitarbeiter in Deutschland und über nachhaltige Konzepte der Unternehmensführung. Gleichzeitig kündigen sie die Streichung tausender Arbeitsplätze an, um – wie es heißt – Kosten zu senken und Renditeziele zu erreichen.

Der Sozialstaat gerät aus dem Gleichgewicht und das Rechts- beziehungsweise das Unrechtsbewusstsein schwindet, wenn zeitgleich mit solchen Vorgängen Hartz-IV-Empfänger zwanzig Euro irrtümlicherweise zuviel überwiesenes Kindergeld zurückzahlen müssen und es politisch nicht gelingt, den mehr als Wohlhabenden steuerlich deutlich mehr abzufordern.

Der vierjährig erstellte Armuts- und Reichtumsbericht der Bundesregierung vom Jahre 2012 weist nach, wie der Wohlstand in Deutschland verteilt ist. Thomas Öchsner schreibt am 19.9.2012 in der SZ, dass die Deutschen immer reicher würden, aber der Wohlstand sehr ungleichmäßig verteilt sei. »Die reichsten zehn Prozent verfügen über mehr als die Hälfte des Gesamtvermögens, der unteren Hälfte der Haushalte bleibt gerade mal ein Prozent. Zugleich wird der Staat immer ärmer und immer höher verschuldet.« Der private Reichtum wird im Ganzen immer größer, das Vermögen des Staates dagegen kleiner. Die Reichsten werden immer reicher. Im Bericht heißt es: »Während das Nettovermögen des deutschen Staates zwischen Anfang

1992 und Anfang 2012 um über 800 Milliarden zurückging, hat sich das Nettovermögen der privaten Haushalte von knapp 4,6 auf rund 10 Billionen Euro mehr als verdoppelt.« Die ungleiche Verteilung der Privatvermögen hat sich vertieft. Die vermögensstärksten zehn Prozent der Haushalte vereinen über die Hälfte des gesamten Nettovermögens auf sich. Das kann auf Dauer nicht gut gehen. Die Lohnentwicklung läuft auf eine kritische Differenz hinaus, denn im oberen Bereich der Bevölkerung ist die Lohnentwicklung steigend, während die unteren 40 Prozent der Vollzeitbeschäftigten Verluste hinnehmen müssen. Da ist es verständlich und berechtigt, wenn der Sozialverband Deutschland mehr Verteilungsgerechtigkeit fordert, wobei Reiche Schwachen helfen sollen und Schwache selber wieder eine Chance auf dem Arbeitsmarkt bekommen. Der Staat darf sich nicht aus seiner notwendigen Ausgleichsfunktion einerseits und der Förderung von Arbeit andererseits heraussthelen. Dass Leistung sich weiter lohnen muss, gehört zu den Selbstverständlichkeiten eines marktwirtschaftlichen Systems, das sich verpflichtet sieht, sich der sozialen Herausforderungen auch gesetzgeberisch anzunehmen.

Es gibt Menschen mit einer Verfügungsgewalt über Geldmengen, die man weder durch Leistung verdienen kann noch zum Leben braucht. Dazu gehören auch die diskreten Gelddynastien, die über alle Krisen, Kriege, Währungreformen und Staatsbankrotte hinweg ihre »Schäflein« oft auf dubiosen und krummen Wegen stets ins Trockene zu bringen wussten. Für sie gab es nie eine Stunde Null, auch nach dem letzten großen Krieg nicht. Aber sie taten alles dafür, damit sie beschworen wurde. Im Schatten dieser Legende konnten sie dann umso ungestörter ihre Geschäfte treiben. Wenn es opportun war, finanzierten sie korrupte Systme – sie tun es bis heute –, ohne Skrupel im Blick auf die sozialen und politischen Folgen. Sie bemächtigen sich der Politik zur Durchsetzung ihrer Interessen. Wer ihnen gewogen ist, kann auf großzügige, steuerlich absetzbare Spenden hoffen.

Schon lange wissen wir, dass Demokratie als Lebensform sich auch »sozialstaatlich« auszahlen muss. Wenn große Gruppen der Gesellschaft zu Verlierern werden, wenn Gier die Schere zwischen Reichen und Armen immer weiter aufklappen lässt, kann ein Gemeinwesen nicht prosperieren und gedeihen. Die Renaissance bürgerlich-rechter Protestparteien und rechtsradikaler Bewegungen, die Konjunktur antieuropäischer Stimmungsmache – überall in Europa – ist ein unübersehbares Alarmzeichen. Der Einfluss populistischer Scharlatane lässt sich nicht eindämmen durch Versuche, die Verteilungskonflikte kleinzureden, durch Warnungen vor »Neiddebatten« oder das Gegeneinander-Ausspielen der Gier der Habenichtse gegen die Gier der Besitzenden. Diese Strategien sind zu durchsichtig, als dass sie von den realen Problemen wirklich ablenken oder die Wut über verletztes Gerechtigkeitsempfinden beschwichtigen könnten.

Ohne sozialen Ausgleich zerfällt eine Gesellschaft, gibt es keinen sozialen Frieden. Es geht nicht um

»Gleichmacherei«, was immer damit gemeint sein soll, auch nicht um sogenannte »Hängematten«, wohl aber um die Erwartung *und* Honorierung von Anstrengung, also Arbeit und Auskommen *durch* Arbeit.

Ein Aperçu noch über den Einfallsreichtum der Gier zur Erinnerung: Als der geldklamme Kaiser Vespasian die öffentlichen Kloaken in Rom besteuerte und es daraufhin Proteste gab, prägte er den umstürzenden Satz: »Geld stinkt nicht« – also selbst dann nicht, wenn es aus Exkrementen kommt.

14.

»Öffnet eure Gesichter«

Mir fiel jetzt wieder eine Rede in die Hände, gehalten 2004. Die Rede eines Bankiers. Sie stand vor neun Jahren in einigen Feuilletons. Wann gehört ein Banker ins Feuilleton? Wenn es schillernd wird um einen Rechner, wenn zwischen Geldscheinen auch ein Charakter knistert, wenn über dem kalten Grund der nackten Zahlung ein Schluchzen hörbar wird, »wie ein Engelsseufzen über den Höllengründen oder ein leiser warmer Menschenton über dem Eis der schweigenden Gipfel« (Ezra Pound). So weit die Poesie. Die Fakten? Der über achtzigjährige Bankier Ludwig Poullain war vorgesehen, eine Rede zu halten, in Hannover, zum Abschied des Nord/LB-Vorstandsvorsitzenden. Poullain selber war in den siebziger Jahren Chef der Düsseldorfer WestLB, er hat, so wird noch heute gesagt, den Deutschen Sparkassen- und Giroverband als Präsident »kräftig modernisiert«. Er ist damals nicht nach Hannover gefahren. Er hat nicht geredet. Denn so, wie er sie aufgeschrieben hatte, wollte man seine Rede nicht hören: »Bank und Ethos«. Gegen den Titel hatte niemand etwas, obwohl man, ganz ehrlich, lieber etwas über »Landesbanken im Wandel der Zeiten« gehört hätte.

Dabei hatte Poullain tatsächlich vorgehabt, über Banken und Ethos zu reden. Er fängt in dieser noch heute aktuellen Rede hoch an, höher geht's nicht: Immanuel Kant. »Man darf sich bei Vergehungen gegen die Redlichkeit niemals auf die Schwäche der menschlichen Natur berufen; denn in der Redlichkeit kann man vollkommen sein.« Redlichkeit im Bank-Geschäft? Genau da weiter mit Kant: Der setzte die »Maxime« als ein Prinzip des Willens, »unangesehen der Zwecke, die durch solche Handlungen bewirkt werden können«. Also: kein wirtschaftliches Handeln ohne moralischen Selbstauftrag. Als Gewinnmaximierung habe, so Poullain, die Maxime auch Eingang in die Bankersprache gefunden. Aber: »Den Gehalt des Wortes total zu verkehren und dann zum Maß aller Dinge zu machen, kann nicht nur Gedankenlosigkeit sein. Dies ist auch Ausdruck der Gesinnung. Gewinnmaximierung zum Hauptziel des geschäftlichen Tuns zu erklären, bedeutet die Verletzung der ethischen Pflichten des Unternehmens.«

Doch warum, so fragt die Rede, sollte eine Bank »der eigenen Profitgier Grenzen ziehen, wenn das Motto ›Bereichert euch!‹ ohne moralische Hemmungen öffentlich gepredigt werden kann?« Den Bankier Poullain entsetzt, »wie radikal und in welch hohem Tempo sich die Normen unserer Gesellschaft ändern«. Nach dem Kriege habe er als Glück empfunden, die Fesseln der Staatswirtschaft gegen die Freiheiten des Kapitalismus eintauschen zu können. Dies als Verpflichtung fürs Land zu empfinden, sei verloren gegangen; die meisten Mitglieder der Gesellschaft nähmen sich nicht mehr »als wesentliche Bestandteile unseres Staates wahr«.

Dies geschehe im Bankgewerbe »nicht so derb und vordergründig wie im gemeinen Volke, sondern vornehm und auf hohem Niveau«. Veränderungen in der Welt würden nur als Chance gesehen, »sich elitär zu gebärden«. Auf den damals gerade stattfindenden Prozess gegen die Manager Ackermann, Esser und andere eingehend: »Wie sie mit ihren vor der Brust verschränkten Armen den Einzug des Gerichts erwarten, das tut weh.«

Er ernennt erneut Kant zum Richter. Das Düsseldorfer Gericht sei die falsche Institution. Denn die im Strafgesetzbuch stehenden Texte könnten den Kern der Handlungen nicht werten. Kant: »Der Gerichtshof ist im Innern des Menschen aufgeschlagen.« Wie leise Aufschreie sein können: Poullain redet von Demut. »Wir müssen ein Gespür dafür entwickeln, was in den Gemütern derer vorgeht, die nicht auf der Sonnenseite rechtssicherer Dienstverträge stehen.« Banker seien Pharisäer, wenn sie stets nur auf den Missbrauch sozialer Sicherungssysteme hinwiesen, statt eigenes Tun selbstkritisch zu betrachten. »Vor ziemlich genau zehn Jahren wurde der Peanut, der Wert einer Erdnuss, neu erfunden. Danach betrug er rund 50 Millionen Deutsche Mark. Mich beschäftigt die Reaktion des Erfinders (Hilmar Kopper, Deutsche Bank) auf die massive Kritik, die ihm nach der Verkündigung seines Satzes entgegenschlug: ›Mich verblüfft, mit welcher Vehemenz und Uneinsichtigkeit auf uns eingeprügelt wird‹«. Warum moralisch sein, so lange die Unmoral nicht mit dem Gesetzbuch kollidiert? Warum Gutes tun, wenn Böses tun so einträglich ist?

Poullain fragt die Wirtschaft, was nur geschehen sei, dass aus dem »Gott schütze das ehrbare Handwerk« eine andere Bitte wurde: »Gott schütze uns davor.« Er hält die Soziale Marktwirtschaft nicht nur für den Generator unserer Gesellschaftsordnung, »sie ist auch ihr moralisches Korsett. Gerade das letztere gilt auch dann noch, wenn ich werte, dass die Marktwirtschaft immer noch das Substantiv und das Wörtchen ›soziale‹ nur das Adjektiv ist.« Weder die mit ihr Unzufriedenen – weil sie zu wenig Soziales abwirft – könnten diese Marktwirtschaft gefährden, noch die sie grundsätzlich kritisierenden Weltverbesserer, »dies vermögen allein die in ihrem Zentrum Agierenden, wenn sie nicht endlich die Balance zwischen ihrem Eigennutz und der Verantwortung, die sie für unser Land tragen, finden.«

Ein Bankier (kein Banker!) und Sprache. Statt Vokabular. Poullains Rede ist Hinweis auf die Utopie, dass eine Änderung der Verhältnisse (auch, und vielleicht gar wesentlich) aus einem anderen Geist der Elite kommen könnte. Welch ein Schluss-Satz eines Bankiers an seinesgleichen, der aller Anfang wäre und deshalb so traumverloren bleibt: »Öffnet eure Gesichter.«

15.

Das Geldsystem in der Krise

Unermessliche Geldgier als eine Hauptantriebsfeder des Systems, unerhörte Managergehälter und Bonuszahlungen, persönliches Versagen durch Verschweigen, Verwischen, Verharmlosen der Probleme und deftiges Missmanagement sind das eine, das andere sind systemische Fragen, an denen wir – national und global – nicht mehr vorbeikommen. Personalisieren löst nicht das Grundproblem, weil wir es mit einem strukturellen Grundproblem zu tun haben, in dessen Rahmen Einzelpersonen fahrlässig und gierig agieren. Wo Gewinn alles wird, verliert der Mensch – auch sich selbst. Wo alles das als wertvoll gilt, was sich in Geld ausdrücken lässt und Warencharakter bekommt, wird alsbald der Mensch zur Ware, zu einem Kostenfaktor oder zu einem Leistungsträger. Die aus puren Renditegründen »Freigesetzten« stehen Mächtig-Reichen machtlos gegenüber. Öffentliche Güter werden zunehmend gewinnorientiert privatisiert, und dem Gemeinwesen bleibt das, was nur kostet. Was ist das für eine Welt, wo plötzlich Hunderte Milliarden vom Staat »locker« gemacht werden, um DAX-Unternehmen zu retten, während wenige Milliarden für die Welthungerhilfe, für Afrika oder für dringendste globale Klimaprogramme nicht zur Verfügung stehen!

Man reibt sich die Augen: Pleite-Großbanken stehen vor der Quasiverstaatlichung. Deren Verluste werden somit sozialisiert, während ihre Gewinne immer weniger besteuert worden waren. Gegen die »Reichensteuer« wurde polemisiert, pure Neidkomplexe ausgemacht, etatistisch-sozialistische – also überholte und gescheiterte – Konzepte wurden einem unterstellt, sowie man fragte, ob es zuträglich sei, wenn der Staat immer mehr verarmte und sich verschuldete, während das Privatkapital immens anwuchs, zumal ein freier, also unkontrollierter Weltfinanzmarkt eine gestaltende Weltpolitik mehr und mehr unmöglich machte. Deregulierung war das Zauberwort. Jetzt geht es um nicht weniger als um den Rückgewinn von steuernder und kontrollierender Politik und nicht um eine baldmöglichste Wiederherstellung des Status quo ante, sowie die Kurse wieder hochschnellen. Die sogenannten G-20-Gipfel wären dringlich gefordert. Die damaligen Forderungen der Heiligendamm-Globalisierungskritiker wären zu hören. Das bisherige Kreditwesen ist jedenfalls von Übel. Die Katastrophe ist nicht vorübergehend, sondern systemimmanent. Wo statt der Menschen Geld arbeitet und »Anlegen« mehr Geld bringt als Arbeiten, wo Finanzwirtschaft sich von der Realwirtschaft abkoppelt, muss es geradezu zum Crash kommen.

Bereits vor 500 Jahren schrieb Martin Luther: »Es schickt sich nicht, dass einer aufgrund der Arbeit des anderen müßig gehe, reich sei und gut lebe, während ein anderer übel lebt, wie jetzt der verkehrte Missbrauch ist. Denn Sankt Paulus sagt: ›Wer nicht arbeitet, soll auch nicht essen.‹ Es ist niemandem von Gott verordnet, von den Gütern der anderen zu leben.« Jeder solle arbeiten. Und jeder solle für seine Arbeit auch Geld bekommen. Niemand dürfe durch die Arbeit anderer so reich werden oder sein, dass er seinerseits nicht mehr arbeiten muss, während der »Arbeitnehmer« übel sein Dasein fristet. Es geht um den gerechten Lohn und die faire Verteilung des erzielten Gewinns. Der Wittenberger Mönch wollte keineswegs den größten Wirtschaftszweig – wie er sagte: den Handel – vernichten, sondern warnte davor, dass durch ihn verderbliche Sitten ins Land kommen. Das größte Unglück »ist gewiss das Kreditwesen. Wenn das nicht wäre, müsste mancher seine Seide, Samt, Goldstickerei, Spezerei und allerlei Prunkwerk ungekauft lassen. … fürwahr, das Kreditwesen muss ein Symbol und Anzeichen dafür sein, dass die Welt mit schweren Sünden und dem Teufel verkauft ist, dass es uns zugleich an irdischem und geistlichem Gut gebrechen muss. Dennoch merken wir nichts.« Wer denkt da nicht an heutige Kommunalfinanzen sowie den horrenden Schuldendienst aufgrund der Staatsverschuldung?

Der kommunikativen Kälte in der Geld-Welt entspricht die soziale Kälte und die soziale Kälte ist Folge einer Kultur, die ihre Beziehungen mehr und mehr über Geld abwickelt. Auf sie trifft das frühe, prophetisch zu nennende Diktum von Karl Marx, dass diese Gesellschaft »kein anderes Band zwischen Mensch und Mensch übriggelassen hat, als das nackte Interesse, als die gefühllose ›bare Zahlung‹. Sie hat die heiligen Schauer der frommen Schwärmerei, der ritterlichen

Begeisterung, der spießbürgerlichen Wehmut in dem eiskalten Wasser egoistischer Berechnung ertränkt. Sie hat die persönliche Würde in den Tauschwert aufgelöst und an die Stelle der zahllosen verbrieften und wohlerworbenen Freiheiten die eine gewissenlose Handelsfreiheit gesetzt.« Das steht im Kommunistischen Manifest.

Unser neoliberales, dereguliertes Weltwirtschaftssystem schafft keine lebenswerte, tragfähige, nachhaltige Welt. Es verbaut Zukunft. Es beruht wesentlich auf der Konkurrenz zwischen Gewinnern und Verlierern, wobei die Gewinner darauf spekulieren, dass sie am Verlust der Verlierer gewinnen können, während Verlierer nicht mehr wissen, wie sie aus ihrer Verliererposition wieder herauskommen. Weltweit hat gigantisches Spekulieren mit Ackerböden, mit Wäldern, Nahrungsmitteln und Trinkwasser begonnen – in Europa und weltweit. Wenn Wasser nicht Menschenrecht bleibt, wenn Wasser zu einer Ware wird wie der heimische Ackerboden, wenn prinzipiell alles zum Profitgewinn herangezogen wird, dann ist das Weltgefüge absehbar am Zerbrechen. Aber es geht nicht um das Gefüge; es geht um das Leben vieler einzelner Menschen wie um die Lebensgrundlagen der Menschheit in einer Verantwortungsperspektive, die mehrere Generationen im Blick hat.

Wenn unser System dazu geführt hat, dass Staaten sich verschuldet haben und die Banken die Macht übernommen haben, indem sie fortgesetzt ihre Gewinne privatisieren und die Verluste sozialisieren, wenn selbst ganze Volkswirtschaften im Würgegriff von Banken und deren globalen Interessenvertretern stecken, dann fahren wir mit Tempo auf eine Katastrophe zu. Wenn jemand – etwa ein Land wie Griechenland – im existenzbedrohenden, deprimierenden und aussichtslosen Schuldenloch sitzt, kann nur Entschuldung mit Anreiz für Investitionen zu einem Ausweg werden, zumal Hochverschuldete die Gläubiger mit ins Loch reißen können. Die Geldmengen, die international unterwegs sind, haben nicht nur keine Deckung, sondern sie verlocken geradezu dazu, immer riskanter zu spekulieren. Es gibt kaum noch realen Gegenwert.

Wir steuern weltweit wieder auf eine Finanzblase ungeheueren Ausmaßes zu. Noch ist nicht absehbar, was passiert, wenn die Blase, die 2008/2009 platzte, bald noch einmal platzen sollte und die Staaten nicht wieder für sogenannte systemische Banken einspringen (können oder wollen). Die zyklischen Krisen des Kapitalismus treten unter der Herrschaft der globalen Finanzwirtschaft und deren sekundenschneller Aktion und Reaktion in immer kürzeren Intervallen auf.

Ich bin zugegebenermaßen ökonomischer Laie. Aber mein Eindruck ist, dass die Experten, die vorgeben, etwas von den weltweit verflochtenen Märkten zu verstehen, auch nichts mehr verstehen oder voraussagen können – zumal der Experte A das Gegenteil von dem sagt, was der Experte B behauptet, und der Experte C sowohl das, was der Experte A wie der Experte B vorlegen, für grundfalsch hält. Die gewohnten Koordinaten stimmen nicht mehr. Der freie Markt ist nicht mehr für den Menschen da, sondern nur für die, die über diesen Markt verfügen. Diese machen sich kein Gewissen, weil sie lediglich ihren (Kurzzeit-)Gewinn – »ihren Schnitt« – im Sinn haben.

Und ich beobachte, wie immer gewissenloser über alles verfügt wird, was zu den Grundbedürfnissen der Menschen gehört. Wir brauchen eine Weltrevolution, die nicht nur die internationalen Finanzmärkte und die Shareholder-Value-Cliquen bändigt, ja entwaffnet, sondern die zugleich neue Kriterien für wirtschafts- und finanzpolitische Entscheidungen in den Mittelpunkt stellt. Ergo: Wie bleiben die Lebensbedingungen für eine immer weiter wachsende Weltbevölkerung lebenswert und erträglich, ohne dass wir weiter unserer alternativlos genannten Wachstums- und Verbrauchsideologie frönen müssen? Das gegenwärtige System funktioniert nur, wenn es wächst und wächst und dabei irreversibel Welt verbraucht.

Die »Grenzen des Wachstums« (der Bericht erschien 1972!) sind nicht nur darauf zurückzuführen, dass die Welt nur begrenzte Ressourcen bietet, sondern dass die Regenerierbarkeit, die aus natureigener Kraft kommt, unserer Natur selbst nicht mehr möglich scheint, solange wir irreversibel und immer schneller Lebensmöglichkeiten für Natur und Kreatur verbrauchen. Eine andere Welt als die unsrige steht uns nicht zur Verfügung. Wer den Glauben daran aufgibt, dass eine andere Welt möglich ist, hat den Glauben an die Zukunft verloren und wirkt nicht mehr daran mit, die gigantisch zu nennenden Fehlentwicklungen entschlossen zu korrigieren. Es kann nicht sein, dass am Ende nur immer die Banken gewinnen.

Der 45-jährige Bundesbankpräsident Jens Weidmann gab im SPIEGEL (45/2013) zu Protokoll: »Geld ist geronnenes Vertrauen. Vertrauen ist aufgrund der Finanzkrise ein Stück weit verloren gegangen, weniger in unser Geld, als vielmehr in das Finanzsystem und allgemeiner auch in unsere Wirtschaftsordnung. Deshalb gab es die Debatte um ›Kasino-Kapitalismus‹, deshalb muss es auf den Finanzmärkten mehr Regeln und Kontrollen geben.« Ein Stück weit nur? Und warum muss es solche Regeln und Kontrollen geben? Wie ist der enorme Vertrauensverlust in unsere Wirtschaftsordnung und unser Finanzsystem zustandegekommen? Weil die Geldgier den Spieler im Kasino-Kapitalismus unversehens in der Hand hat. Von Wirtschafts*ordnung* kann weltweit kaum noch die Rede sein. Es ist eine Weltwirtschafts*unordnung*, mit mehr Unbekannten als wir ahnen. Der Bundesbankpräsident fährt fort: »Moderne Finanzmärkte erzeugen Risiken, die unter Umständen die gesamte Volkswirtschaft gefährden.« Nur die *Volks*wirtschaft, nicht auch die *Welt*wirtschaft? Nicht zuletzt wird das Gesamtsystem gefährdet durch krankhafte Risikospieler, die von einer speziellen Zockerkrankheit – einer Giersucht als Sinnersatz – erfasst werden. Weidmann meint, es gebe Menschen, die Spaß am Risiko hätten. Nein, sie sind giergetrieben und nehmen das Absturzrisiko auf sich. Sie sind von Geldgier umschlungen. Es geht in diesen Kreisen längst nicht mehr um Gewinne, die zur elementaren Existenzsicherung nötig wären. Sie sind zu einer irrationalen Lust am bloßen Mehr geworden.

16.

Wie die Macht schmeckt

Gotteskomplex« nennt Horst-Eberhard Richter die Pathologie von Allmachtsphantasien und ihrer zerstörerischen Dynamik. Auf der Rückseite von Aufklärung und wissenschaftlichem Fortschritt nistete sich eine existentielle Angst ein. Was Menschen der Vormoderne als Fügung und Geschick anzunehmen lernten und sie im Blick auf ihre Endlichkeit und ihre Grenzen lebensklug und weise werden ließ, ging mit der Entzauberung des Himmels verloren. Das ist zum Signum der Moderne geworden und mutierte zu einem grandiosen Machbarkeitswahn, bis heute, in dem technische, ökonomische und politische Herrschaftsphantasien zu einem Komplex verschmelzen. Ronald Reagans Metapher vom »Fenster der Verwundbarkeit«, das er mit einem im Weltraum stationierten Raketenabwehrsystem schließen wollte, ist eines der eindrücklichsten Beispiele für den Wahn, der buchstäblich mit allen Mitteln die Angst davor, verwundbar und verletzlich zu sein, in der Illusion totaler Sicherheit abwehren muss.

Das Märchen »Vom Fischer und syner Fru« endet mit der »gerechten« Strafe für ihr vermessenes Begehren, sein zu wollen wie Gott. Sie findet sich nach dem kurzen Trip in Statussymbole und Überfluss und als Gralshüterin der Wahrheit in ihrer kargen Hütte wieder. Auf diese Form »himmlischer Maßregelung« können wir nicht mehr hoffen. Zwar spricht der Volksmund immer noch davon, dass »die Bäume nicht in den Himmel wachsen«, aber die Erfahrung zeigt, dass der Gottlose, der keine Grenzen anerkennt und der sich selbst als Maß aller Dinge sieht, scheinbar ungestraft andere für seine Zwecke instrumentalisieren und knechten kann. Selbst die letzte, moralisch rechtliche Grenze, nach der alles erlaubt ist, was nicht per Gesetz verboten ist, lässt er für sich nicht gelten. Von prämoralischer, infantiler Lust getrieben, ist er ohne Rücksicht auf die Folgen für andere mit raffiniertem Kalkül auf seinen Vorteil aus. Ein Zocker, der offenbar ohne den Kick, aufs Ganze zu gehen, nicht sein kann. Es gibt zahlreiche empirische Belege dafür, dass jenseits einer bestimmten Schwelle das fortgesetzte Anhäufen von materiellem Reichtum an Reiz verliert, dass sich die Hab-Gier zur Macht-Gier erweitert. Nach der ökonomischen scheint die Usurpation politischer und/oder gesellschaftlicher Macht wie eine logische Folge. Das jüngste Beispiel dafür ist der rechtsradikale, antidemokratische Autokrat Frank Stronach, der sich mit Millionen in die Politik Österreichs einkaufen wollte. Auch andere Namen lassen sich für dieses Syndrom nennen. Nur drei, die nicht zufällig durch ihre Kontrolle über Massenmedien ihre Macht ausübten oder durch Missbrauch demokratischer Spielregeln die Macht an sich gerissen haben, seien erwähnt: Hugenberg in den 1930er Jahren, die Medienmogule Murdoch und Berlusconi heute.

Nicht immer ist dieses Verhaltensmuster Ausdruck eines »Herrsch-Gens«, von dem aus der »Wille zur Macht« zunächst zu blinder Machtgier auswächst und schließlich unter der Hand sich des Machthabers selbst bemächtigt und ihn treibt. Auch »Stinknormale« sind dagegen nicht immun. Man spürt es manchen bereits in der Kindheit ab, wie sie schon im Sandkasten nach Macht über andere streben und genussvoll ausleben, dass sie »etwas zu sagen haben«. Das stürmerische Pathos ist kaum einem 16-jährigen Jungen ganz fremd, ehe es sich zur Omnipotenzphantasie steigert. Aus Geschichte und Psychologie wissen wir aber auch, dass der Wunsch, über andere zu verfügen und sie zu beherrschen auch eine Racheaktion auf Missbrauch, auf erfahrene unterdrückende Macht, auch auf erlittene Unterwerfung, auf tiefgehende Minderwertigkeitsgefühle sein kann. Sowie sich die Gelegenheit dazu bietet, ist sie aufs Heimzahlen aus. Das reicht von Lenin/Stalin, über Khomeini bis zu Mugabe.

Sowie wir in Kategorien von oben oder unten, handeln oder erleiden, schlagen oder geschlagen werden, gewinnen oder verlieren zu denken uns angewöhnen, ist der Schritt zu einem faschistoiden, fälschlicherweise von Darwin abgeleiteten »Ausleseprinzip« und »Recht des Stärkeren« nicht weit. Demagogisch gewinnt es Mehrheiten unter ganz unterschiedlichen kulturellen oder religiösen Prägungen. Auch die Demokratie ist nicht dagegen gefeit.

Was aus einem Kulturvolk werden kann, wenn ein zurückgesetzter Obergefreiter, ein mit diversen Phobien besetzter, im Innersten gehemmter subalterner, gescheiterter Künstler zum Führer eines Volkes avanciert, das sich dann in »seinem Führer« meint endlich wiedergefunden zu haben und bis zur monströsen Götterdämmerung ihm ins größte Unglück folgt, das haben die Deutschen und ihre Nachbarn als Opfer dieses Wahns erfahren. »Führer befiel, wir folgen!« – rief Goebbels noch kurz vor der Niederlage aus. Der nationalistischen Selbstüberhebungsorgie folgte bedingungslose Kapitulation und die Zumutung, in menschliche Abgründe zu sehen. Es bleibt uns, den »willigen Helfern« eingebrannt. Der Weg zurück zu einer geläuterten Kulturnation in der Gemeinschaft mit anderen Völkern war weit und ist noch nicht zu Ende. Was für uns Deutsche nun fast sieben Jahrzehnte zurückliegt, kommt im kollektiven Gedächtnis anderer Nationen in Krisen wieder ins Bewusstsein zurück.

Der – europäisches Denken lang beherrschende – Vordenker für erfolgreiche Machthandhabung war Machiavelli mit seinem Buch »Der Fürst«, in dem er Machtmechanismen beschreibt. Diese Beschreibungen können zugleich als etwas Vorschreibendes verstanden werden, bis das Deskriptive zum Präskriptiven wird. Machiavelli geht davon aus, dass der Mensch einfach einen Herrn über sich haben müsse, weil er sonst maß- und ziellos würde. Dem hierarchischen Gesellschaftsmodell wohnt ein äußerst skeptisches Menschenbild inne. Es geht davon aus, dass der Mensch von oben her beherrscht werden müsse, weil alles andere nicht realistisch sei. (Im Grunde hängt auch Martin Luther diesem

Bild an, wenn er der Obrigkeit, »die von Gott ist«, das Herrschaftsprivileg zubilligt. Schließlich sei es weit schlimmer von zehn Tyrannen als von einem einzigen regiert zu werden.)

Die Macht der einen trifft auf die Unterwerfungslust der anderen. Es ist so bequem, unmündig zu sein, Verantwortung abschieben zu können und Vormündern nicht nur bedingungslos zu folgen, sondern sich selbst in die Mächtigen hineinzuprojizieren. Autokratische politische, religiöse, ideologische, nationalistische Führer stellen Mehrheiten auf allen Stufenleitern der Macht her und machen sie sich auf allen Stufenleitern der Perversion zunutze: Von Lenin/Stalin über Mao bis zu Pol Pot und der kommunistischen Kim-Dynastie. Von Mussolini über Franco bis zu Hitler. Von Kaiser Wilhelm über Hindenburg bis zu Ulbricht. Von den römischen Imperatoren über Dschingis Khan bis zu Napoleon. Von Päpsten über Ayatollahs bis zu den Gurus. In Dostojewskis Parabel vom Großinquisitor versucht dieser, den auf die Erde zurückkehrenden Jesus wieder in den Himmel zu katapultieren. Jesus stört die Kirche und ihre Art, Massen an sich zu binden, sie abzufüttern, sie mit Wahrheitsdekretierungsinstitutionen zu überziehen und sie in metaphysischer Sicherheit zu wiegen. Der Großinquisitor weiß, was die Leute brauchen: Brot, nicht Freiheit. Und da mutet Jesus dem Menschen Eigenständigkeit zu und will Liebe regieren lassen.

Im zehnten Kapitel des Markus-Evangeliums wird erzählt, wie sich zwei Jünger mit einer eigentümlichen Bitte an Jesus wenden, dass sie nämlich in seinem Reich ihm zur Rechten und zur Linken sitzen mögen. Als die übrigen zehn Jünger davon hörten, wurden sie unwillig. Auf Deutsch: Sie wurden wütend. Sie waren auch neidisch. Jesus reagiert auf seine Weise, den Unterschied zwischen sich und den Mächtigen der Welt beschreibend: »Ihr wisst, die als Herrscher gelten, halten ihre Völker nieder, und ihre Mächtigen tun ihnen Gewalt an. Aber so ist es unter euch nicht; sondern wer groß sein will unter euch, der soll euer Diener sein; und wer unter euch der Erste sein will, der soll aller Knecht sein. Denn auch der Menschensohn ist nicht gekommen, dass er sich dienen lasse, sondern dass er diene und sein Leben gebe als Lösegeld für viele.« (Mk 10,41–45) Im Rangstreit der Jünger stellte er ein Kind in die Mitte und sagte dazu: »Wer ein solches Kind in meinem Namen aufnimmt, der nimmt mich auf; und wer mich aufnimmt, der nimmt nicht mich auf, sondern den, der mich gesandt hat.« (Mk 9,37) Und er herzte die Kinder und segnete sie. Das ist die Antwort Jesu auf Macht-, Rang- und Titelfragen unter Menschen, die Christen sein wollen und die sich nicht heraushalten aus der politischen Verantwortung. Der »Großinquisitor« bei Dostojewski erscheint als der Anwalt der Macht-Autorität der Kirche. Dieser erklärt Jesus schlicht zum realitätsfernen Utopisten.

Der Verlust von Vollmacht führt immer in die Versuchungen der Macht. Und Macht verselbständigt sich in dem Maße, wie sie selbst zum Wert wird und nicht mehr Zielen dient, an denen sich strikt ihre Mittel orientieren. Auch die Kirche gewann und gewinnt Macht, wo sie »Gott« als Legitimationsautorität für jedwede Machtausübung benutzt; und hat sich selber dabei gleichzeitig »verloren«, selbst wenn sie Erfolg gehabt haben mag. Die Machtgier tendiert zum Autoritären und ist von sich aus nie auf Machtteilung aus.

Demokratie dagegen, wo Gewaltenteilung und die Machtbalance zwischen Regierung und Opposition unter strikter Beachtung universal menschenrechtlicher Grundprinzipien (Artikel 1 des Grundgesetzes) gesichert und gepflegt werden, ist der anspruchsvolle und auch aufwendige Versuch, der Perversion der Macht entgegenzuwirken. Sie schützt auch die, denen durch Wahlen Macht auf Zeit anvertraut oder entzogen wird, nicht zuletzt davor, sich für unersetzlich zu halten. Ohne den Willen, unter Ausübung von Macht dem Gemeinwesen dienen zu wollen, geht die Verantwortungsperspektive verloren. Macht kann korrumpieren, absolute Macht absolut korrumpieren. Aber wahr ist auch: Menschliche Gemeinschaft braucht Führung. Und ohne Führungsbereitschaft verkommt eine Gesellschaft. Zur Demokratie gehört die Respektierung von Mehrheitsentscheidungen. Sie zeichnet aus, dass der Machtwechsel ohne Würdeverlust und ohne Häme stattfinden kann. Verlieren – auch eines Amtes oder eines Titels – geht kaum ohne Schmerz ab, stößt aber nicht in den Orkus.

Macht bleibt für alle bekömmlich, wenn keiner Angst zu haben braucht und wenn Verantwortungsträger denen gegenüber, die ihnen Macht anvertrauen, über ihren Umgang damit stets rechtfertigungspflichtig bleiben. Macht braucht Handlungsfreiheit *und* Recht, das über den verantwortungsvollen Gebrauch wirksam wacht, weil Macht die Machthaber selber gefährdet. Ein Führer möge hören beim Reden, nicht abhören. Er möge diskutieren vor dem Entscheiden, statt zu dekretieren, was er entschieden hat.

17.

»Narren soll man nicht über Eier setzen«

Hierarchien halten die Welt. Die eigene Position in diesen Ranggebungen des Gesellschaftlichen, des Sozialen, des Religiösen entscheidet wesentlich darüber, welchen Leumund der Mensch den Hierarchien beimisst. Im Oben wird anders gedacht und gelebt als im Unten; Vorgesetzten ist anderes aufgetragen als Nachgeordneten. Eine Charakterprüfung ist beides: ein Gesetze Gebender sein zu dürfen oder ein Gesetze Hinnehmender sein zu müssen. Macht zu besitzen kann so gefährlich werden wie bar jeder Macht zu sein; befriedigter Egoismus trägt den Keim des Verhängnisses ebenso in sich wie eine Geltungssucht, die unerfüllt bleibt.

Martin Luther band Macht an Verantwortung. Wer Untertanen befehligen dürfe, habe gedeihliche Voraussetzungen nachzuweisen. Schließlich dürfe man ja auch nicht Narren über Eier setzen. Sie zerbrechen dieselbigen. Wer über Eiern sitze, müsse behutsam, verlässlich, wärmend, schützend, geduldig sein – und das Ausgebrütete hilfreich begleiten, bis es ganz selbständig ist. Freilich war Luther im Fordern auch nachsichtig, denn die besagten Voraussetzungen zum allseits bekömmlichen Gebrauch der Macht sind nur in der Praxis selbst zu erlangen. Die deutsche Sprache ist hier einmal mehr von grandioser Trefflichkeit, sie spricht von Machtaus-

übung. Herrschenden, so Luther, möge man mit strenger Bewertung begegnen, aber doch auch mit Milde, »denn sie können's nicht allezeit schnurgleich treffen und fadenrecht machen, wie etliche Klüglinge meinen; darum bedürfen sie am allermeisten der Vergebung der Sünden.«

So ist das geblieben: Zwischen Wahlprogrammen, Regierungserklärungen und praktischer Politik gibt es Abschleifungen und also unvermeidliche Enttäuschungen derer, die Idealvorstellungen gern unmittelbar umgesetzt sähen, und die in jedem Kompromiss Verrat wittern. Es gibt auch ein Begehren (eine Gier?) nach Reinheit, die in jedem Falle unerfüllt bleiben muss, wenn eine Gesellschaft nicht in eine Erziehungsdiktatur zurückfallen will, bei der Reinheitsgebote schnell in Säuberungen umschlagen. Weil Luther um des Menschen tief-innere Verfallenheit an die Sünde und an Sünden wusste, war er in weltlichen Dingen ein erbarmungsvoller Realist, der stets davor warnte, alleinig den Wunsch zum Vater des politisch-praktischen Denkens zu erheben. Gerade die wohlmeinendste Utopie kann in schlimmste Barbarei führen. (Dazu brauchte er nicht einmal das Wissen der künftigen Französischen Revolution – deren Weg von den Freiheitsgesängen direkt zur Guillotine führte, zu Napoleon und dem jeder Macht dienstbaren Talleyrand.)

Freilich rechtfertigt das Beharren auf Augenmaß noch lange keinen Opportunismus, der überhaupt keine Haltung mehr erkennen lässt außer der Bereitschaft, für alle möglichen Haltungen verwendbar zu sein. Für alle möglichen Haltungen – und für alle möglichen Vergünstigungen. Zum weltlichen Regiment, so Luther, gehören »verständige, weise und beherzte Leute, denen man vertrauen kann und die auf gemeinsamen Nutz und Gedeihen und nicht auf eigenen Genuss aus sind und nicht ihren Begierden folgen.« Er fragt: »Wie viel aber sind Regenten und Juristen, auch Räte, die daran denken? Sie machen nur eine Hantierung, ein Handwerk aus der Obrigkeit.« Ein Handwerk, das zweifelhaften goldenen Boden hat. Den bestellen diverse Schmeichler und gerissene Bestecher, falsche Ratgeber und kalkülsichere Lobbyisten. Umgarnung heißt das Gift, das manchem ursprünglich hoch Ambitionierten die früheren Antriebe wegfrisst und ihm die politisch-ethischen Koordinaten raubt, bis aus einem Charakter ein bloßer Nutznießer geworden ist.

Luther glaubte wohl, dass da ein Vater für uns alle sei, der sich unser aller erbarmt. Aber er war nicht »freudetrunken« durch »schöne Götterfunken«: Alle Menschen werden eben nicht Brüder. Sehr verschiedene Interessen betreiben kräftig Spaltung. Wir sind – auf uns selbst gesehen – in uns verkrümmte Wesen, die der Aufrichtung bedürfen. Und, zum Glück: der Aufrichtung fähig sind! Wie nun kann aber menschliches Zusammenleben gedeihen? Durch Bildung: durch Befähigung aller Einzelnen, ihre verschiedenen Gaben zu entfalten, durch Fertigkeiten und durch Motivierung vieler Fähiger, im Gemeinwesen zum Nutzen aller mitzuwirken. Weltveränderung ist zuvörderst Selbstveränderung. Luther beklagt zum Beispiel, dass Eltern die Erziehung ihrer Kinder sträflich vernachlässigen würden. »Wie soll denn nun Vernunft und insbesondere christliche Liebe es dulden, dass sie unerzogen aufwachsen und für die anderen Kinder Gift und Geschmeiß sind?« Leider wisse die Mehrheit der Eltern nicht, »wie man Kinder erziehen und lehren soll. Denn sie haben selbst nichts gelernt, als den Bauch zu versorgen.« Warum, so fragt Luther, »nimmt man sich so viel Zeit und Mühe, um die Kinder Kartenspielen, Singen und Tanzen zu lehren, warum nimmt man sich nicht auch so viel Zeit, um sie Lesen und andere Künste zu lehren, solange sie jung und frei von Arbeit sind, die Fähigkeit und Lust dazu haben?« Erziehung als zivilisatorische Freiheit und Bändigung zugleich, bei der instrumentelles Wissen vermittelt und Gemütsbildung betrieben wird, bei der Selbstwert und Sinn für Gemeinschaft entsteht. Kurzum: Entgröberung unserer Seele und aller unserer Antriebe.

»Ebenso ist es auch eine unmenschliche Bosheit, wenn man nicht weiter denkt als so: Wir wollen jetzt regieren. Was geht es uns an, wie es denen gehen wird, die nach uns kommen? Nicht über Menschen, sondern über Säue und Hunde sollten solche Leute herrschen, die beim Regieren nichts mehr suchen als ihren Vorteil oder ihre Ehre.« So Luther im Jahre 1524. Was wir heute partikularinteressierte Kurzfristigkeit nennen, einen Ausbund an einträglichem Egozentrismus also, und andererseits Nachhaltigkeit oder generationenübergreifende Mitverantwortung – das hat Luther in staunenswerter Früherkennung als entscheidenden Widerspruch benannt, der unbedingt gelöst werden muss im

Sinne eines zeitbezogenen Handelns, das doch stets auf Zukunft gerichtet sein möge.

Das alles trägt dieser Bergmannssohn aus Eisleben vor, etikettiert als Fürstenknecht und Bauernverräter, Judenhasser, Katholikenfresser, Poltergeist, Rechthaber, Kirchenspalter. Das alles ist er auch. Doch er bleibt zugleich – wirkungsgeschichtlich – der mutige Freiheitsbringer, das Sprachgenie, der Fürsorger, der Zeitherold, glänzender Erzähler, Prediger und Lehrer, der große Bibel-Hermeneut, ein großartiger, ein zwiespältiger, ein so angstbesetzter wie fröhlicher Mensch, jedenfalls ein guter und zuverlässiger Freund, Vater und Nachbar. Wer über Martin Luther und sein Verhältnis zur Staatsgewalt nachdenkt, der könnte leichthin all das an Zitaten herbeiziehen, was *gegen* ihn spricht und uns Heutige erschaudern lässt. Aber man kann – zu eigenem Nutzen! – etwas suchen und finden in diesem Wort-Werk, das für die heutige Zeit höchst bedenkenswert ist. Das Glück der Persönlichkeit besteht wesentlich darin, wie sie im Widerspruch kräftig offen bleibt.

Luther schreibt über die Funktion der Fürsten und damit über die gierfreie Macht: »Die Obrigkeit ist nicht dazu eingesetzt, die Untertanen zu ihrem persönlichen Nutzen und nach ihrem Mutwillen zu gebrauchen, sondern dazu, bei den Untertanen Nutzen und überhaupt das Beste zu schaffen.« (Das ist adaptiert aufgenommen in den Text zur Vereidigung unserer Bundesminister.) Wenn er die Bauern und alle Rechtlosen, die sich ihr Recht erkämpfen wollen, zu Friedlichkeit ermahnt, stellt er zugleich klar: »Damit will ich nicht die Obrigkeit in ihrem unerträglichen Unrecht, das ihr leidet, rechtfertigen und verteidigen. Sie begehen schweres Unrecht. Das sage ich offen. Aber das will ich: Falls ihr auf beiden Seiten nicht die Lehre annehmen wollt und vielleicht gar, was Gott verhüten möge, aneinander geratet, dass da auf keiner Seite von Christen geredet werden soll, sondern davon, dass entsprechend dem sonstigen Lauf der Welt ein Heer gegen das andere kämpft und, wie das Sprichwort sagt, Gott einen Schurken mit dem anderen straft.«

Luther hatte große Sorge, dass die große Masse – erst einmal in Aufruhr gebracht – außer Rand und Band kommt und dass »der Herr Omnes mehr als geneigt ist, zum Aufruhr zu greifen«. Hier setzt die Verantwortung der Obrigkeit ein, für Recht und Ordnung zu sorgen. Die – rechtmäßig zustande gekommene – Obrigkeit sei *immer* Gottes Dienerin. Er schärft ihr ein: »Der Fürst muss auf seine Untertanen achten und ihnen sein Herz zuwenden. Das tut er aber dann und damit, dass er mit allen seinen Sinnen darauf bedacht ist, ihnen nützlich und dienlich zu sein, und nicht denkt, Land und Leute gehören mir, ich will tun, was mir einfällt. Sondern so: ich gehöre dem Land und den Menschen, ich muss tun, was ihnen nützlich und gut ist.

Ich (also der Fürst) darf nicht darauf bedacht sein, selber hohes Ansehen zu genießen und zu herrschen, sondern sie mit gutem Frieden beschützen und verteidigen ... Ich will bei meinen Untertanen nicht das Meine suchen, sondern das Ihre. Auch will ich ihnen mit meinem Amte dienen, sie schützen, anhören, verteidigen und regieren, allein mit dem Ziel, dass sie Vorteil und Nutzen davon haben und nicht ich. Ein Fürst muss also in seinem Herzen auf seine Gewalt und Herrschaft verzichten. Er muss sich der Bedürfnisse seiner Untertanen annehmen und sich so verhalten, als wäre es sein eigenes Bedürfnis.« Hatte Angela Merkel das im Sinn, als sie ihre Kanzlerschaft grundsätzlich charakterisierte: »Ich will dem Lande dienen«? Was Luther benennt, gehört zu dem, was man später das *Wächteramt* der Kirche genannt hat, nämlich den Regierenden ins Gewissen zu reden – sehr deutlich, sehr offen, aber nicht zur Gewalt greifend, nie der Gewalt das Wort redend.

Unzufriedenheit mit den Regierenden ist offensichtlich eine in jeder Zeit anzutreffende Empfindung der Regierten: Es tut so gut, jemanden zu haben, den man verantwortlich machen kann. Und immer wieder gibt es so etwas wie Wechselstimmung. Also: Man weiß zwar, dass es nicht besser wird mit den Zuständen (man könnte es zwar wissen, man könnte sogar wissen, dass es vielleicht noch ärger wird), aber man denkt sich: Lass es einfach nur *anders* werden. Davor hatte Martin Luther aus langer Erfahrung gewarnt. »Obrigkeit ändern und Obrigkeit bessern sind zwei Dinge, die so weit voneinander sind wie Himmel und Erde. Wenn dann Obrigkeit geändert ist, können sie doch nicht verbessern, denn das ist misslich und gefährlich. Der tolle Pöbel fragt nicht viel, wie es *besser* werde, sondern nur, dass es *anders* werde. Wenn es dann aber noch ärger wird, so will der Pöbel abermals etwas anderes haben. So kriegt er denn Hummeln für Fliegen, zuletzt Hornissen für Hummeln.«

Das sind Sätze über Reformen. Reformen sind misslich und oft unbequem, stellen Gewohntes in Frage, machen gar Angst. Auf unsere modernen Verhältnisse bezogen, könnte Luthers Lehre z. B. bedeuten: bei einem Wahlkampf den Ideenstreit und nicht das Wetzen der Messer in den Mittelpunkt zu stellen. Luthers Schlüsselsatz: »Lasset die Geister aufeinanderplatzen, aber die Fäuste haltet stille.« Luther hat genau gewusst, was Politik oft genug bedeutet: viel Arbeit und wenige Ergebnisse. Also gehört Geduld zur Profession. Im Zweifeln doch nicht verzweifeln. Nicht weglaufen, wenn es nicht so läuft, wie man selber will. Nicht einfach den Bettel hinwerfen und ihn später von der Seite her an sich reißen wollen.

Grundlegend für Luther ist die Begrenzung der staatlichen Kompetenz, wenn es um Geist und Glauben geht. »So wenig wie ein anderer Herr für mich in die Hölle oder in den Himmel fahren kann, so wenig kann er auch für mich glauben oder nicht glauben. Und so wenig er mir Himmel oder Hölle auf- oder zuschließen kann, so wenig kann er mich zum Glauben oder zum Unglauben treiben. Weil es bei eines jeden Gewissen liegt, wie er glaubt oder nicht glaubt, und weil damit der weltlichen Gewalt kein Abbruch geschieht, soll sie auch zufrieden sein und ihres Dinges warten und so oder so glauben lassen, wie man kann und will, und niemand mit Gewalt dringen. Denn es ist ein freies Werk um den Glauben, zu dem man niemand zwingen kann. Es gibt viele törichte Fürsten, die ihre Macht und Gewalt über dem Himmel erheben und die Gewissen regieren wollen, was man glauben oder nicht glauben soll, obwohl doch das weltliche Regiment nur mit dem umgehen soll, was die Vernunft fassen kann.«

Mit »Vernunft« meint Luther, was in den alltäglichen Dingen vernünftig und sachbezogen geregelt werden kann. Es darf nicht zur Überschreitung der Befugnisse weltlicher Macht kommen, die den Menschen irgendeine Religion oder Ideologie vorschreiben wollte oder dürfte. Damit entstand freilich ein anderes, bis heute nachwirkendes Problem: Wie politisch darf oder muss nun Kirche sein? Ist Kirche eine Sonderwelt, und hat das Evangelium eine politische Relevanz? Aus eigener Einsicht, auf eigenes Risiko, auch ganz allein stehend, seinem Gewissen folgend zu handeln – das konnten und können immer nur wenige. Ein Name für diese Wenigen, aber so Wesentlichen: Dietrich Bonhoeffer.

Summa summarum: Narren soll man nicht über Eier setzen. Es gehören »zum Fürsten- und Regierungsstande weise und kluge Leute, welche die Welt sollen regieren. Gewalt und Macht will es nicht tun, sondern Weisheit.« Was wäre Weisheit? »Gehe hin, sei klug und mach's gut; sei du ein Prediger und mach die Leute fromm. Sei du ein Herr und Regent und erziehe die Leute wohl, etc. So geht's denn flugs an. Ja, den Krebsgang ...« Denn »wir sind Narren und elende Hümpler mit unseren Tun und Kunst.« Die Weisheit liegt in getrösteter Resignation: Unser gesellschaftliches Werk kann, am Ideal gemessen, nur Annäherung sein, nur Scheitern, das kommendes Scheitern auf die höhere Ebene hebt. Das Ideal, das wir vor Augen haben, darf uns nicht zur Gier verleiten, es mit Händen packen zu wollen. Luther sah die Geschichte als einen fortwährenden Prozess von Werden und Neuwerden. So skeptisch er gegenüber dem »alten Adam« ist, und so gern er lieber bei seinem Christum im Himmel wäre, so sehr liebte er das Leben als einen fortschreitenden Prozess – um zu dem zu kommen, was wir noch nicht sind, aber sein können: Glückliche in einem glückenden Leben, in sich Gekrümmte, die lernen, aufrecht zu gehen.

18.

Leben hat einen Wert, nicht einen Preis

Begierig-lebenshungrig weiterleben wollen oder gelassen-dankbar ein sich erfüllendes, aber auch ein jäh abreißendes Leben hinter sich lassen? Wollen wir leben um jeden Preis, da es doch unendlich wertvoll ist? Im Hintergrund steht Todesangst einerseits und andererseits das Wissen um Einmaligkeit und Unersetzlichkeit jedes – sterblichen! – Einzelnen.

Vom »unendlichen Wert der Einzelseele« hatte vor über hundert Jahren der damals populärste Theologe Deutschlands, Adolf von Harnack gesprochen. Der unendliche Wert jedes Einzelnen lässt sich nicht in einer Zahl, in einem Preis gar ausdrücken oder bemessen. Der Mensch hat Eigen- und Selbstwert und ist niemals zu reduzieren auf seinen Nutzwert. Immanuel Kant sprach davon, dass der Mensch Selbstzweck sei und niemals nur als ein Zweck für anderes betrachtet werden dürfe. Die Würde des Menschen sei an jedem anderen Menschen anzuerkennen, gleich wer er sei und welche Lebensleistung er vorzuweisen habe. Daraus folgen Kants berühmte moralischen Imperative: »Handle so, dass du die Menschheit sowohl in deiner Person, als in der Person eines jeden anderen jederzeit zugleich als Zweck, niemals bloß als Mittel brauchest.« In seiner »Kritik der praktischen Vernunft« hat er seinen kategorischen Imperativ so abgewandelt: »Handle so, als ob die Maxime deiner Handlung durch deinen Willen zum allgemeinen Naturgesetz werden sollte.« Man unterscheidet seither im Bereich der Zwecke zwischen Wert und Preis. Ein Wert hat kein Äquivalent im Preis. Und menschliche Würde ist ein Zweck an sich. Würde kann man sich nicht aneignen; sie kommt einem zu. »Im Reiche der Zwecke hat alles entweder einen Preis oder eine Würde. Was einen Preis hat, an dessen Stelle kann auch etwas anderes als Äquivalent gesetzt werden; was dagegen über allen Preis erhaben ist, mithin kein Äquivalent verstattet, das hat eine Würde. Was sich auf die allgemeinen menschlichen Neigungen und Bedürfnisse bezieht, hat einen Marktpreis; das, was auch ohne ein Bedürfnis vorauszusetzen einem gewissen Geschmacke, d.i. einem Wohlgefallen am bloßen zwecklosen Spiel unserer Gemütskräfte gemäß ist, hat einen Affektionspreis; das aber, was die Bedingung ausmacht, unter der allein etwas Zweck an sich selbst sein kann, hat nicht bloß einen relativen Wert, das ist einen Preis, sondern einen inneren Wert, d.i. Würde. Nun ist Moralität die Bedingung, unter der allein ein vernünftiges Wesen Zweck an sich selbst sein kann ... Geschicklichkeit und Fleiß im Arbeiten haben einen Marktpreis.« Wehe, wenn dieser Marktpreis alles Handeln bestimmt, und Gnade uns, wenn alles in Geldwert ausdrückbar wird oder mit Geld machbar erscheint.

Kant unterscheidet den *Marktpreis* vom *Affektionspreis* und diesen wiederum von den inneren Werten. Marktpreis ist das, was Austauschwert ist – also Mehrwert, äußerer Besitz, ein Preis, der z. B. täglich an der Börse gehandelt wird. Als Affektionspreis können wir heute Freizeitindustrie und Entertainment bezeichnen. Als innerer Wert kann all das gelten, was sich nicht rechnet, also ein innerer Besitz ist, Glückseligkeit eines rundum guten Gefühls und getrösteten Gewissens. Wenn für Zwecke Mittel »bedingungslos« eingesetzt werden, kommt es zur Instrumentalisierung der Zwecke. Die Mittel werden gewissermaßen getauft. Das hat Folgen für die Behandlung des Menschen, der zum Patienten geworden ist. Wird er zum Patientengut, steht die Würde auf dem Spiel. Er wird ein Kosten- und Verdienstfaktor im Gesundheitswesen bzw. für die Gesundheitsindustrie.

Auch der alte oder schwerstkranke Mensch ist noch ganz Mensch. Und wir sind schon »ganz Mensch« – im Mutterleib gebildet, mit dem ersten eigenen Atemzug. Deshalb wird auch die Tötung eines Neugeborenen als Mord einer Person geahndet wie der Mord an einem Erwachsenen. Wir sind schon ganz Mensch und bleiben es auch bis zum letzten Atemzug. Wir brauchen am Anfang Hilfe und wir brauchen am Ende Hilfe anderer. Wir geben Hilfe, wir empfangen Hilfe und haben in einer humanen Gesellschaft einen verbrieften Anspruch darauf. Der Artikel 1 unseres Grundgesetzes hat schon in seiner feierlichen Sprache etwas Un-Bedingtes: »Die Würde des Menschen ist unantastbar. Sie zu achten und zu schützen ist die Aufgabe allen staatlichen Handelns.« Alles ist zu tun, dass die Würde des Menschen nicht verletzt wird, weder sozial noch politisch, noch personal. Wir haben einen einklagbaren Anspruch, in Würde zu leben, aber auch einen, in Würde zu sterben. Die jedem Menschen qua Mensch zukommende Würde bedarf – zumal in einer reichen Gesellschaft – eines nicht nach »noch Lohnendem« fragenden *finanziellen Einsatzes*, einer guten *medizinischen Hilfe, menschlicher Nähe* und *persönlichen Beistands*, besonders dort, wo es um einen (schwer) Kranken, einen behinderten, einen verunglückten oder (sehr) alten Menschen geht. In Würde zu sterben heißt, begleitet zu sterben, nicht allein gelassen zu sein. Seit mehr als 15 Jahren gibt es eine doppelte Debatte, freilich immer noch nicht genügend in der gesamten Öffentlichkeit geführt. Zu viele verdrängen, was auf jeden von uns als hinfällige Kreaturen mit zunehmendem Alter, nach tragischem Unfall oder bei schwerer Erkrankung zukommt. Wie schön ist es, einen gnädigen Tod nach erfülltem Leben zu finden.

Eine Debatte über die Überalterung der Gesellschaft und über den Wert des alten Menschen, über dessen Lebens-Erfahrung, seinen »Nutzwert« und seinen bleibenden humanen Wert fehlt noch in einer Zeit, in der alles berechnet wird, alles zur Ware wird, alles eine Frage des Preises wird. Der Kampf zwischen den immer mehr Alten und immer weniger Jungen läuft noch zivilisiert ab, aber unter der Oberfläche brodelt es. Es hebt ein Kampf der Generationen an, nicht zuletzt angesichts immer horrender werdender Staatsverschuldung, die den nächsten Generationen aufgeladen wird. Die noch Gesunden verweigern eine Auseinandersetzung mit dem (eigenen) Tod. Sterbenlassen bzw. Sterbehilfe wird mittels nicht unproblematisch bleibender Patientenverfügung beizukommen versucht. In diesen Fragen hat selbst der Bundestag die Parteifronten verlassen.

Welchen Anspruch haben alte und sehr alte Menschen noch auf aufwendige medizinische Betreuung? Und welches Recht hat ein Mensch auf die Selbstbestimmung über sein Leben, über die Möglichkeiten der modernen Medizin, Leben zu verlängern? Ab wann hat der Mensch kein ihm glückendes Leben mehr und erlebt Leben nur noch als Erleiden? Und welches Recht haben Ärzte oder Angehörige, einen Apparat abzuschalten, ohne den ein Mensch nicht mehr leben kann? Hinter dieser Frage steht eine Tabu-Frage, nämlich die nach dem eigenen Tod. Wenn wir kein gelasseneres Verhältnis zum Tode entwickeln, werden wir vielleicht auch unsinnigste Wiederbelebungs- und Lebensverlängerungspraktiken anwenden. Oder es verbreitet sich ein kaltes Abschneiden und Abschalten.

Inzwischen hat der Bundestag einen Textentwurf für ein Gesetz zur Patientenverfügung auf den Weg gebracht. Es ist lange her, dass es im Bundestag ganz unproblematisch eine so ernsthafte und die Fraktionsgrenzen überschreitende Debatte gegeben hat. Dahinter steht nichts mehr und nichts weniger als die Frage, ob wir leben lassen oder auch im Extremfalle sterben lassen können. Der Germanist Walter Jens und der Theologe Hans Küng hatten vor Jahren gefordert, dass man Leben nicht um jeden Preis verlängern sollte. Sie hatten für sich die Entscheidung getroffen, dass sie ihrem jeweils vertrautesten Menschen erlauben wollten, bestimmte lebensverlängernde Maßnahmen auszusetzen und auch Hilfe zum Sterben zu leisten. Ihre Intention war, im Falle der Hilflosigkeit dem anderen aktiv zu helfen und in jedem Fall dafür zu sorgen, dass das Sterben in einem menschenwürdigen Rahmen stattfinden kann.

Walter Jens litt bis zu seinem Tode 2013 zehn Jahre lang an Altersdemenz in schwerer Form. Und alles, was die Eheleute Jens sich vorher zu dieser Frage gedacht hatten, griff nicht mehr. Inge Jens berichtete davon, wie ihr Mann, der kaum noch zu einem einzigen zusammenhängenden, sinnvollen Satz fähig war, doch eine Angst artikuliert habe, dass er »totgemacht« werden könnte. Er habe gesagt: »Nicht totmachen, bitte nicht totmachen.« Das rührte an. Und es zeigte auch zugleich die Gratwanderung auf, in der wir uns befinden. Die Menschlichkeit einer Gesellschaft misst sich daran, wie sie mit ihren Schwachen umgeht und daran, was bei ihr auf dem Müll landet – materiell und geistig. Zu den Schwachen, den Leistungsunfähigen, die nur noch »Kosten verursachen« gehören nun einmal die Alten und Schwerstkranken, denen alle erdenkliche Hilfe zuteil werden muss.

Der Umgang mit dem Sterben und den Sterbenden hat unmittelbar damit zu tun, wie die Generationen miteinander umgehen, insbesondere, wie viel Respekt und Sorge sie ihren Alten, auch den Dementen, entgegenbringen. Und wie viel Lebensglück sie noch für möglich halten und ermöglichen – und sei's mit hohem finanziellen wie praktisch helfendem Aufwand. Der fromme Matthias Claudius hat sein Gedicht »Der Mensch« mit dem Vers beendet:

»Und alles dieses währet,
wenns hoch kommt, achtzig Jahr.
Dann legt er sich zu seinen Vätern nieder,
und er kömmt nimmer wieder.«

Ja, er ist »vom Weibe empfangen und genähret« und er »gelüstet und begehret«. Er durchlebt Höhen und Tiefen. Begierig leben und beglückt gehen! Das wäre Gnade, statt krampfhaft am Leben festzuhalten. Jeder hat diesen Weg letztlich ganz allein zu gehen. Und es ist offen, wer ihn in Würde besteht.

19.

Auf der Suche nach dem menschlichen Maß

Was das menschliche Maß für den Zweibeiner mit aufrechtem Gang, zur Arbeit freien Händen, mit krummem Rücken, reflexionsfähigem Großhirn wirklich ist, fällt nicht vom Himmel. Es lässt sich nicht ein für alle Mal festsetzen, sondern muss immer wieder gefunden werden. Was der Mensch braucht, verbraucht er in der Regel auch, die Kreisläufe des Lebens verlassend und durchbrechend. Das Grundproblem seit dem 20. Jahrhundert sei es, wie der Homo faber mit seiner »Scheiße umgeht«, also mit den Exkrementen seiner Zivilisation fertig wird, meinte Friedensreich Hundertwasser.

In der Mangelgesellschaft der DDR war das Gedicht KINDERZEICHNUNG von Reiner Kunze so tröstlich wie befreiend:

»Du hattest ein viereck gemalt,
darüber ein dreieck,
darauf (an die Seite) zwei striche mit rauch –
fertig war
DAS HAUS

Man glaubt gar nicht,
was man alles nicht braucht.«
(Reiner Kunze, Gedichte, S. Fischer Verlag,
Frankfurt 2001, S. 23)

In unserer Überflussgesellschaft muss kritisch gefragt werden, was der Mensch mit welchen Folgen verbraucht, obwohl er es eigentlich gar nicht braucht. Wenn Banker und Manager inzwischen 200-mal mehr verdienen als der Durchschnitt, dann ist jedes Reden vom menschlichen Maß ein Hohn. Solche Disparitäten sind unangemessen, zynisch, schädlich für ein Gemeinwesen, das auf Leistung und Solidarität angewiesen ist. Der Skeptiker der Bibel, Prediger genannt, schreibt dem Menschengeschlecht ins Stammbuch eine so tröstliche wie traurige Erkenntnis: »Da merkte ich, dass es nichts Besseres dabei gibt als fröhlich sein und sich gütlich tun in seinem Leben. Denn ein Mensch, der da isst und trinkt und hat guten Mut bei all seinen Mühen, das ist eine Gabe Gottes.« (Pred 3,12–13).

Guten Mut behalten – das Kunststück des Lebens, die unverfügbare Gabe. Fröhlich bleiben mitten in aller Unbill. Sich des Lebens freuen, auch an gutem Essen und Trinken, obwohl die Wüsten wachsen und anderswo Menschen hungern, dürsten, frieren. Das Elend wird nicht geringer durch miese Stimmung, verdunkelte Seelen, selbstquälerische Kasteiung. Guten Mut bei allem Mühen, aller Mühsal, zermürbender Vergeblichkeit behalten. Erst recht, wo es nun ums Ganze geht, wo jeder einzelne in den sogenannten hochentwickelten Ländern Teilhaber und Teilchen des globalisierten Kapitalismus ist – mit einer schwindelerregenden Beschleunigung im Sog des Strebens nach schnellstmöglichem Erfolg. Wenn alles der Sucht nach Gewinn unterworfen wird, verliert der Mensch unversehens nicht nur Maß und die Mitte, sondern sich selbst und die »Leichtigkeit des Seins«. Das hat Folgen für das Individuum und das Individuelle, für menschliches Miteinander im privaten wie im öffentlich-politischen Raum und nicht zuletzt für die uns umgebende, zum überall verfügbaren Objekt gewordene Natur. Wo alles unter Maximierungszwänge gerät, wo alles immer größer und schneller werden soll, wo quantitatives Wachstum und Fortschritt die entscheidenden Handlungsmaximen, die Zauberworte schlechthin bleiben, verlieren wir uns und die Welt, von der wir leben.

Überfluss wird zum Glückssurrogat. So wird unversehens das bloße Mehr zum Maß aller Dinge, zur Vor-Bedingung für alles Gedeihen in einer Gesellschaft, der es vor allem um Kapitalakkumulation geht. Verlieren wir den Sinn für kluges Maßhalten, büßen wir das Augenmaß für das Leben und für das Lebendige ein. Wo das Maß verloren geht, setzt sich das »Nekrophile« durch, die Neigung zur Destruktivität und Zerstörung, wie Erich Fromm das beschrieben hat. Der Baum wird aus der Mitte an den Rand gedrängt, Beton versiegelt die Erde, das Meer und der Himmel wird verdröhnt, artenreichster Lebensraum Urwald wird zur Wüste, McDonald's und allerlei anderes Fast Food wird als Essen ausgegeben, Gülle verätzt die Ackerkrume, Nutztiere sind nur noch Objekte erbarmungsloser Fleischproduktion, auch Tomaten erblicken nie das Licht der Sonne, der Blick in die Welt wird durch den Bildschirm verstellt, Facebook ersetzt reale Freundschaften, das sanfte Streichen des Displays das Streicheln der Wange, und der automatisierte Krieg minimiert lebensschützende Skrupel und Gewissensbisse beim Geschäft des Tötens. »Brüder, überm Sternenzelt muss ein guter Vater wohnen« – was noch mit Pathos gesungen wird, hat längst abgedankt. Vom sinnentleerten Himmel aus verrichten Drohnen lautlos ihr mörderisches, nicht nur Terroristen tötendes Werk.

Bald weiß keiner mehr, was uns am Reichtum des unmittelbaren, mit der Natur verbundenen, sinn- und sinnenreichen Lebens verlorengegangen ist. Wo Zwänge zur Gewinnmaximierung vorherrschen, geht auch das Solidarische verloren, jenes dem Menschen innewohnende Mitgefühl mit dem anderen, die Teilhabe an seinem Glück wie an seinen Leiden. Wo jeder sich selbst der Nächste wird und zusehen muss, wo er bleibt, schläft das Verantwortungsbewusstsein füreinander ein. Wo Karriere und Geldverdienen allem anderen vorgeordnet wird, verkümmert das Geistige, das Künstlerische, das Musische, das Kreative, das Geistliche. Wo nur noch diesseitig gedacht, empfunden und im nackt Diesseitigen gelebt wird, schneidet der Mensch sich von seinen spirituellen und metaphysischen Quellen ab. Er verliert den intuitiven Zugang zu dem, was im Religiösen seinen bereichernden, vergewissernden, orientierenden, bestärkenden, demütig-ehrfurchtsvollen Ausdruck findet: als Erschütterndes, als Erhabenes, als Sphärisches, als zu Tränen Rührendes – beim Beten mit gemeinsam gesungenem »Kyrie eleison« aus Taizé, beim Betreten der gotischen lichtdurchfluteten Basilika von Vézelay, beim benommenen Hören der Bach'schen h-Moll-Messe oder des Schubert'schen »Ave Maria«, stehend vor der Figur »Das Wiedersehen« Ernst Barlachs oder vor dem Gemälde »Junge Venezianerin« von Dürer, angerührt von der ihre Gedichte lesenden Hilde Domin, ausgelassen tanzend nach dem Blues des Champion Jack Dupree, gelöst laufend durch den herbstlichen Buchenwald oder durch die frisch verschneite Elblandschaft, Stunde um Stunde wandernd am rauschenden Meer und fröhlich einander zuprostend mit dem Federweißen in der Weinstraße. Keine Angst vor dem haben, was je und dann auch ins Kitschige hinübergleiten mag.

Alles Mehr, Schneller, Weiter befriedigt nicht, sondern verlangt nach immer weiterer Steigerung, also nach einer nicht mehr erkannten Lebensmehrungsillusion, jener Leere in der Fülle, jener tödlichen Langeweile der Tschechow'schen »Sommergäste«, der ausgetrockneten Erwartungslosigkeit des Estragon und Wladimir in Beckets »Warten auf Godot« oder Büchners »Leonce und Lena«. Und ein Sonnenuntergang streift das Lid wie ein Augenblick Unendlichkeit. »Wär' nicht das Auge sonnenhaft, die Sonne könnt' es nicht erblicken ...« Ein Apfel, gepflückt vom Baum des Herbstes, liegt mir in der Hand und spritzt seinen säuerlich-frischen Saft beim begierigen Biss ins Reife. Noch schlaftrunken eine Hand voll frischen Wassers übers Gesicht gießen. Barfuß laufen im Morgentau der Elbwiesen. Die glänzende Kruste des frischen Brotes von meinem Bäcker Jäger streicheln und dann den frischen Kanten einfach rausbrechen wie in Kindertagen. Bratkartoffeln und Gurkensalat mit viel frischem Dill erwarten mich zu Hause, erwartest du mich zu Hause. Zur Nacht nach langem Erzählabend auf der Terrasse unterm Sternenzelt miteinander singen »Der Mond ist aufgegangen« und »Nun ruhen alle Wälder«. Glück stellt sich ein, wo gerade das Wenige, das Kleine, das Unscheinbare als beglückend, tief, befriedigend erfahren und wahrgenommen wird. Mit Günter Grass »Grimms Wörter« abschmecken und der Enkeltochter Miriam das Märchen »Frau Holle« vorlesen, Wort für Wort genau.

Das menschliche Maß geht unversehens verloren, wo wir der Natur nicht mehr das ihr inhärente Maß abzulauschen vermögen und diesem Maß nicht mehr folgen. Dazu gehören die jahrhunderte-, jahrtausendealten Lebenskreisläufe, die zum Nachteil der ganzen Gattung zerrissen werden. Das hat Folgen für die Natur, die uns die natürlichen »Grenzen des Wachstums« im Klimabericht der UNO 2013 offenlegt und wissenschaftlich belegt. Sollten diese Daten weiter recht arglos überhört oder resignativ quittiert werden, kommen wir »dem bösen Ende näher« – so Hans Jonas warnend vor fast 40 Jahren. Gerade die wissenschaftlich-technischen Erfolge können der Menschheit zum Verhängnis werden. Der gewohnt zurückhaltend-sachlich argumentierende Direktor des Potsdamer Instituts für Klimafolgenforschung Hans Joachim Schellnhuber gibt im September 2013 im nur notorischen Autofahrern unbekannten, sonst allen anderen zugänglichen DB-Magazin »mobil« u. a. zu Protokoll: »Der Klimawandel ist eine ganz besondere Herausforderung für uns Menschen, weil er ein Nebeneffekt des Wohlstandes ist, also all dessen, wonach wir über Jahrzehnte gestrebt haben. Mehr Luxus, mehr Bequemlichkeit, mehr Konsum wurden durch moderne Techniken und die Ausbeutung von Ressourcen tatsächlich ermöglicht. Doch jetzt zeigt sich, dass die damit einhergehenden Folgen die Existenz unseres Lebensraums bedrohen. Das ist bestürzend, und nicht jeder möchte sich mit diesem Gedanken auseinandersetzen. Also findet ein gigantischer Verdrängungsprozess statt.« Und er fährt fort: »Irgendwann sind die letzten Rohstoffe herausgekratzt. Das ist das eine. Ich glaube aber auch, dass das Wachstumsdogma in sich falsch ist. Am Ende zählt, wie zufrieden wir mit unserem Leben sind, ob es sinnvoll war, was man getan hat, ob es einen glücklich gemacht, erfüllt und angeregt hat.« (Quelle: Magazin »mobil«, 10.2013, S. 10f.)

Rilkes Zeile »Du musst dein Leben ändern« ist keine pathetisch-poetische Formel, sondern eine der Bedingungen eines gedeihlichen Überlebens in einer Verantwortungsperspektive für uns selbst, für jedermann auf diesem zwischen Arm und Reich zerrissenen Globus, aber auch für die Zukunft unserer Kinder und Kindeskinder. Stets »enkelverträglich denken und handeln« nannten wir das zum Ende der DDR in der ökologischen Giftküche DDR.

Georg Picht arbeitete in seinem Buch »Wahrheit, Vernunft, Verantwortung« mit letztem Ernst heraus, dass im Ursprungssinn des Wortes nur Entscheidungen und ihre Folgen verantwortbar sind, wofür Menschen auch mit ihrer Existenz einstehen und wofür Akteure konkret zur Rechenschaft gezogen werden können. Abstrahiert man das Sprechen von Verantwortung aus seinem dreifachen Bezug – dem *reflexiven* vor sich selbst, dem *sozialen* vor anderen und dem *zeitlichen* vor künftigen Generationen – greift man zu kurz. Das schließt an den biblisch-eschatologischen Gedanken an, dass »wir alle offenbar (werden) müssen vor dem Richterstuhl Christi, damit ein jeder seinen Lohn empfange für das, was er getan hat bei Lebzeiten, es sei gut oder böse.« (2 Kor 5,10). Ohne diesen Bezugsrahmen wird das Wort zur schalen Floskel, zur leeren Worthülse ohne Verbindlichkeit und Ernst.

Mutig und bereit sein, die Wasserstandsmeldungen der Sintflut ohne Angst und ohne Übertreibung zu lesen, die Folgen unseres Tuns und Lassens (mit)verantwortlich zu bedenken, mag heute einen Christen ausmachen, der sich dieser Welt und ihrer Zukunft nicht entzieht. Wo wir nur noch sehen, was ist, verlieren wir den Blick dafür, was wird und dafür, was werden soll, damit bleibt, was möglich ist: Glück, das sich dem Gierigen entzieht. Karl Marx schrieb in seinen Frühschriften »Der *reiche* Mensch ist zugleich der einer Totalität der menschlichen Lebensäußerung *bedürftige* Mensch. Der Mensch, in dem seine eigene Verwirklichung, als innere Notwendigkeit, als *Not* existiert. Nicht nur der *Reichtum*, auch die *Armut* des Menschen enthält gleichmäßig – unter Voraussetzung des Sozialismus – eine *menschliche* und daher gesellschaftliche Bedeutung. Sie ist das passive Band, welches den Menschen den größten Reichtum, den *anderen* Menschen, als Bedürfnis empfinden lässt.« (Karl Marx, Ökonomisch-philosophische Manuskripte, Reclam, Leipzig, S. 195)

Und Marx war es, der die totale Entfremdung des Menschen von sich selbst durch den dominierenden Sinn des Habens entdeckt hat. »An die Stelle *aller* physischen und geistigen Sinne ist daher die einfache Entfremdung *aller* dieser Sinne, der Sinn des *Habens* getreten. Auf diese absolute Armut musste das menschliche Wesen reduziert werden, damit es seinen inneren Reichtum aus sich herausgebäre.« (Ebd., S. 189) Das sind die anthropologischen Wurzeln des Verfassers des Kommunistischen Manifestes und des Kapitals. Wo das Privateigentum über allem steht, da hat es »uns so dumm und einseitig gemacht, dass ein Gegenstand erst der unsrige ist, wenn wir ihn haben.« (Ebd., S. 189) Wo das Haben den Sinn des Leben besetzt und beherrscht, verlieren wir uns selbst. Lebenshunger im Marx'schen Sinn ist etwas fundamental anderes als die Gier, die dem Fetisch Geld nachjagt. Und das hat Jesus schon in einem klarsichtigen Wort über zwei Jahrtausende hinweg gesagt: »Was hülfe es dem Menschen, wenn er die ganze Welt gewönne und nähme doch Schaden an seiner Seele.« (Mt 16,26)

An seiner Seele arbeiten, statt Gewinne aufzuhäufen, auf Zinssätze zu starren und zu glauben, nun sei alles gut. Wer immer nur gewinnen will, wird alles verlieren. Zuerst sich selbst und dann die Menschen, von denen und mit denen er lebt. »Was man für Geld nicht kaufen kann« – unter dieser Überschrift füllt der US-amerikanische Philosoph Michael J. Sandel die Hörsäle der Welt. »Wir müssen (neu) darüber nachdenken, wie wir die … Güter bewerten – Gesundheit, Ausbildung, Familienleben, Natur, Kunst, Bürgerpflichten …«, so seine These. Es besteht kein Grund, alle Hoffnung fahren zu lassen, solange ein Stéphane Hessel die Jugend der Welt mit einfachen Wahrheiten, mit lebensdienlichen Imperativen geradezu elektrisiert. »Empört Euch!« – »Engagiert Euch!« – »Vernetzt Euch!«

Die Dinge des Lebens, die uns als menschliche – als unfertig-widerspruchsvolle und als vollkommen-glückende – Wesen ausmachen, sind andere Dinge als »die Dinge der Welt«, die uns verfügbar, für uns handhabbar und uns zuhanden sind. Alles ist nicht alles. Mehr ist nicht mehr. Morgen ist nicht heute. Und Glück ist Hilfe, Helfen Glück.

20.

»Aus so krummem Holze gemacht«

Das Theater als aufrührerische Anstalt: »Nun sieh dies Holz, es will zur Krone werden / Und schlägt sich seitwärts doch, / dorthin, wo Schönheit, himmelsnah, / nun wahrlich nicht zu finden ist.« Shakespeare beschreibt einen verwachsenen Baum, und es liegt nicht weit, in dieser Beobachtung den Menschen zu sehen: Im Geiste gern die Krone der Schöpfung, im Wuchse aber knorrig verzweigt – hineinragend ins Ungefüge. Unelegant, verkantet, verbogen. Unsere Art zu nicht geringen Teilen: krumm und verkrümmt. Und krumm wird der Mensch eben nicht nur, weil er arbeitet, sondern auch, weil er sich hineinbeugt ins verlockende Joch der Gier – die so viele Namen hat und die als Spiel beginnen kann, bis sie, zum Beispiel, zur Sucht des Zockens wird und dort endet, wo der Bayern-Club-Manager Uli Hoeneß gelandet ist. Gier gehört zu den ansteckenden Krankheiten, die man unterschätzt und von denen man allzu oft meint, sie beherrschen zu können.

Die Arroganz des Ökonomischen hat längst keine Scheu mehr vor der eigenen Hässlichkeit, der Kapitalismus begibt sich nicht mal mehr an den Schminktisch, er betritt unverstellt die Märkte. Er raubt und gräbt unverschämt offen. Das Erdöl, das schwarze Gold, ist nach wie vor eines der begehrtesten Gierobjekte unserer globalisierten Welt: Auf der Erde wird um das gekämpft, was unter der Erde liegt. Unbarmherzig so lange, bis die Adern leer sind, als hätte man einem Körper letzte Blutstropfen ausgepresst und spräche noch immer in die Mikrofone: Der Körper lebt!

Als Frank Castorf in seiner Bayreuther »Ring«-Inszenierung 2013 Wagners großes Existenzialdrama mit modernem Goldgeifer und mafiotischer Ölgier verwob, provokant schmutzig und schmierig bis ins Bühnenbild, da wurde der Regisseur mit zahlreichen Buh-Rufen bedacht: Die Mehrheit, vor allem des Bürgertums, will selten rechtzeitig sehen, was auf dem Spiel steht – und wovon doch jeder irgendwie erfasst ist, auch wenn er selber nicht von Erdöl trieft. Im Theater treffen nicht selten an einem Abend unterschiedliche Sehnsüchte aufeinander: Der Wunsch eines bestimmten Publikums nach harmonischer Gegenwelt, nach edler Sprache – er trifft auf die Wut von Künstlern über den Zustand der Welt. Aussteiger aus einem kruden Alltag, die für ein paar Stunden Kunstgenuss einfach nur vergessen wollen, treffen auf jene, die vom Theater Ehrlichkeit erwarten – Ehrlichkeit gegen eine allzu oft heuchlerische, beschönigende, den Angst- und Warnschrei verpönende Gesellschaft. Theater ist Öffentlichwerden von Irritation. Schönheitsstreben trifft auf Bilder vom krummen Holz. Wenn über Gierverfehlungen des Menschen zu richten ist, dann öffnet sich das weite Feld unserer Ambivalenz. Es gibt nicht hie die Unanfechtbaren, da die Angreifbaren. Der Einzelne steht nicht auf sicherem Grund, er bleibt oft genug der Hin- und Hergeworfene zwischen Anständigkeit und Anstößigkeit. Das krumme Holz!

Es gibt einen Brief des Dichters Henrik Ibsen an einen jungen Dramatiker: »Schreiben Sie in Ihrem Drama die zwielichtige Figur des Herrn D. vors Gericht, ohne Erbarmen. Aber erzählen Sie das nicht so, als zerstöre sich damit alles, was er vor dem Fall war. Lassen Sie nicht zu, dass Leser, weil D. sich derb verging, sich leicht von dessen Qualitäten verabschieden können. Schreiben Sie so, dass sich an dieser Seele nichts entzerren lässt, das Gute nicht vom Unguten, aber das kriminell Niedrige auch nicht vom charakterlich Hohen. Was an einem Menschen stark ist, möge nicht weniger beleuchtet bleiben, dann, wenn seine Schwäche arge Schatten wirft. Die unerträgliche Wahrheit, dass in keinem Menschen, keinem!, nur das eine oder nur das andere regiert, darf nicht aufgegeben werden.« Ein Brief als Gleichnis: Wir wissen doch auch von uns selber weit mehr Dinge, als gut wäre, um als unantastbar gut zu gelten.

Theater fällt zielgerichtet aus der Zeit, auf dass wir – für kostbare, hilfreich verstörende Stunden einer so ganz anderen Weltwahrnehmung – von Außendruck und hartem Lebensgefüge nicht belangt werden können. Theater stürzt aber auch immer wieder zurück in die Zeit: Denn noch im Bannkreis der Poesie bleiben wir doch – Gezeichnete, und wir erkennen uns. Just zum Beispiel auch in den machtgierigen Bösewichtern, ob nun Macbeth oder Richard III. Wären die einfach nur Mörder, interessierten sie uns wohl kaum. Aber Shakespeare gibt ihnen etwas Entscheidendes mit: Momente, in denen sie gleichsam mit dem Universum allein sind und sich selber frierend erkennen im Unmaß des eigenen Lebens, im Elend einer Gier, die sich aller Liebe, aller Intelligenz, aller Sehnsucht bedient und in fremdes Blut stapft. »Das Leben ist ein Schatten und der wandert, / ein armer Spieler nur, der seine Stunde / auf einer Bühne auf- und abgeht und sich quält, / und dann ist er verscholln ...« Das müssen wir uns von einem Mörder sagen lassen? Ja. In der Kunst wenden wir uns Diktatoren zu, die wir in der Realität einzig nur verachten würden, und eine Beziehung dieser Figuren zu uns selber würden wir empört zurückweisen.

Aber Kunst hat eben jeder politischen Praxis eines voraus: Bekenntnis zur erwähnten Ambivalenz, Souveränität einer Hinwendung noch im Bösesten. Nicht, um das Böse zu relativieren. Aber sehr wohl, um dieses Böse als ein Nähe-Erlebnis zu wagen. Um es zu verstehen. Kunst legt uns das Böse ans Herz – damit das Herz lerne, ihm zu widerstehen. Dem Bösen auch im eigenen Herzen. (Der Prophet Nathan wagt dem mächtigen König David, indem er ihn überlistet mit einer Gleichnisgeschichte, die Wahrheit zu sagen: »Du bist der Mann!« – der Frauenräuber.)

Das ist die Verführung durch Kunst: sich als Betrachter selbstprüfend einzulassen auf die schlimmste Möglichkeit, die in jeder Existenz lauern könnte. Kunst geht verschlungenste Wege zwischen Ursachen und Wirkungen und vermeidet kurze Schlüsse. Sie weiß: Wir bilden uns zwar ein, die Geschichte erklären zu können, aber wir scheitern doch schon am Geheimnis jenes Menschen neben uns, den wir am besten zu kennen glauben. Und er scheitert an uns.

Und seit jeher hat doch das böse Gierige, das gierig Böse einen Sog, dem das Gute nicht so schnell etwas Vergleichbares an Wirkung entgegensetzen kann. Faust kämpft einen vergeblichen Kampf gegen die Faszination Mephistos. Es ist eine Faszination, die von der Ehrlichkeit einer unverstellt zynischen Weltsicht ausgeht. So weit greift Moral immerhin, dass der Mensch diesen zynischen Bodensatz seines Wesens mit geübter Unterdrückungskultur im Zaume hält. Aber in Kunst und Literatur darf doch eine gewisse Geneigtheit zugegeben werden – dann, wenn Richard III., Titus Andronicus, Eichmann und andere finstere Auswüchse der Erden-Art Mensch ins Zentrum des Erzählens rücken. Karl Moor hat Charakter, aber sein Bruder Franz steht für den Instinkt des Tückischen, das in mehr Seelen lauert als ruchbar werden darf. Der Regisseur Fritz Kortner wollte stets beide Moors mit einem Schauspieler besetzen. Alexander Lang hat es getan, als er vor Jahrzehnten im Deutschen Theater Berlin Büchners »Dantons Tod« inszenierte: Danton und Robespierre, zwei Seelen in einer Brust, das Revolutionäre und das Reaktionäre, das Gemäßigte und das Maßlose.

Ja, wir steigen gern hinab. Wir reisen – hin- und hergerissen zwischen Scheu und Neugier – mit Vorliebe ins Herz der Finsternis. In jedem Urlaub leben wir's entspannt aus: Der Kriminalroman erhob bei aller Kommissarsintelligenz die Gesetzes- und Halsbrecher zu

Gefährten unserer verboten-aggressiven Sehnsüchte. Um es noch einmal anders zu sagen: Menschen sind »aus Fleisch und Blut«. Wir finden in uns vor jenem »alten Adam«. Wir können in jedes sturmbewegte, tobende Wasser Anker der Humanität senken, und ebenso schnell können sie sich wieder losreißen. Just aus Deutschland, dem Land der Dichter und Denker, wurde das Regime der Richter und Henker. Nichts garantiert uns wirklich, dass Barbarei das Wort einer mehr und mehr verblassenden Vergangenheit bleibt. »Seit Auschwitz ist kein Tag vergangen«, sagt Martin Walser, und Imre Kertész schreibt: »Was einmal möglich war, ist immer wieder möglich.«

Aber etwas muss doch dagegen helfen! Es hilft, neben unablässiger Aufklärung, vor allem Herzensbildung. Wenn die zur Erfahrung wird, ist viel gewonnen, wo andere Erfahrung glücklicherweise fehlt. Herzensbildung hat ein Endprodukt, das Thomas Mann formulierte und das er »die Bereitschaft zur Selbstvereinigung« mit dem scheinbar Hassenswerten bezeichnete. Er meinte damit, dass Sorgfalt in geschichtlicher Betrachtung dort wächst, wo man sich selber in die Möglichkeit einschließe, verführbar zu sein fürs Grässlichste. Der Aufsatz, in dem Thomas Mann dies schrieb, hieß (ja, erschreckend!) »Bruder Hitler«. Jahrzehnte später schrieb Heinar Kipphardt das Schauspiel »Bruder Eichmann«.

Wo einer für sich selber solche Assoziations-Antennen ausfährt, ist er mitten in der wichtigsten Erfahrung, die darauf aus ist, unerlebte Geschichte nicht wieder zur möglichen Geschichte werden zu lassen. Die beste Art, Geschichte zu machen: so zu leben, dass man bestimmten bösen Erfahrungen unbedingt vorbaut, die man mit sich machen würde, wenn die Umstände nur ein Quäntchen ungünstiger, heilversprechender wären. Das ist die Qualität und das Kreuz einer offenen Gesellschaft: Sie hat Zukunft nur mit Geschichte als offener Wunde. Man mag – leicht möglich, schnell getan – eine noch so lange Liste von Verfehlungen dieser Bundesrepublik in Fragen einer gesellschaftlichen Humanisierung nach Auschwitz erstellen; oft genug wurde auch hierzulande geschäftig und sehr geschäftlich ein Gewissen demonstriert, das gar nicht vorhanden war. Kennzeichnend aber bleibt, wenn man sich den Ausgangspunkt 1945 betrachtet: Just die Tatsache einer immer offenen ständigen Auseinandersetzung war es, die eine unerträgliche Nation erfolgreich umerzog. Es ist doch unzweifelhaft kein Zufall, dass die Erinnerungen des deutschen Juden Paul Spiegel, 2002 erschienen, den Titel »Wieder zu Hause« tragen. Auf dem Titelbild lächelt er, ein wenig auch ironisch, so scheint's, aber: Er lächelt. Offenheit freilich ist in ihrem Bekenntnis zur hohen Hürde des individuellen Meinungsrechts nicht ohne Irrtum und ohne Rückschlag, nicht ohne schreckliche Eruptionen und schon gar nicht ohne Streit zu haben.

Im Chor gibt es keine Tonart, um über die Geschichte des Krummholzes Mensch zu sprechen. Aber es gibt gegen die Gier doch Normen der gesellschaftlichen Übereinkunft, es gibt eingeschriebene Rechtsprinzipien – vertrackterweise ist es Normen eigen, sich oft erst in der Überschreitung als Wert zu offenbaren. So wie mitunter erst die verletzte Liebe und das zerbrochene Ideal den Wert des Verlorenen deutlich machen.

Also: Jede zu einfache Einteilung in Gut und Böse ist eine Definition an der Wirklichkeit vorbei. Nichts ist ohne sein Gegenteil wahr. Es sei erinnert an den späten Machtzyniker und Erzmörder par excellence, Kaiser Nero (37–68 n. Chr.). Er war ein Schüler Senecas. Aber er ließ alles hinter sich, was ihn dieser Weise gelehrt hatte. Er zwang seinen Lehrer gar in den Suizid. Mit Nero war aus einem Anbeter der Kunst ein Symbol der Brutalität und Machtgier schlechthin geworden.

Wir sind und bleiben Menschen auf Abruf. Auch unsere Menschlichkeit steht auf Abruf, dann, wenn wir nachlassen, gar aufhören, das zu sein, was entscheidet: wachsam gegen uns selbst – um unserer selbst und unser aller Welt willen. Schließlich sich sagen: Wir sind aus krummem Holze. Ein ganz gerades wird nie daraus werden, schon gar nicht gewaltsam, ausgerüstet mit einer selbstüberfordernden und selbstüberhebenden Utopie.

21.

Das Un-Glück und die Melancholie

Glück, Glück, Glück! Gesetzt gegen die Gier, aber durchaus auch in Verbindung gebracht mit Gier. Glück. Dies so umrätselte Wort, das jeder Mensch vielleicht anders interpretiert. Das Dichterwort freilich sagt: Im Glück seien die Menschen gleich, unterscheiden würden sie sich einzig – im Unglück, im Leid.

Wenn die Natur, wie der französische Philosoph Pierre Bayle sagte, eine Art Krankheitszustand ist und der Mensch unvergleichlich mehr zum Bösen als zum Guten neigt; wenn es, wie der Misanthrop Molière meinte, eine Narrheit ohnegleichen wäre, dass man sich in die Verbesserung der Welt mischen wollte; wenn wir täglich an uns und anderen beobachten, dass wir nicht reden, wie wir denken, und nicht handeln, wie wir reden; wenn das alles stimmt, soll man sich dann ungerührt die Hände waschen, sich vergnügt an den Essenstisch setzen, sich gewöhnen, sich in Gelassenheit über die nicht änderbaren Zustände üben? Und was ist mit den Träumen? Lessing träumte von der Erziehung, Goethe von der Bildung, Schiller von der Würde, Heine von der Freiheit, Brecht von sozialer Gerechtigkeit, Diderot von der Revolution. Wie soll man leben – wenn man denn überhaupt (Krieg, Katastrophen, Krebs) am Leben sein darf?

Ach, alles schwierig. Aus Idealen wurden Regimes des Terrors gezimmert – was also wunder, wenn Gesellschaften entstanden, in denen ausgehöhltes gesellschaftliches Bewusstsein, privat gepanzerter Zynismus und ein listiger bis aggressiver Egoismus grassieren; und all das zusammen wird »Moderne« genannt. Was Wunder, dass es – aus Erfahrung und Furcht vor erneut lockender politischer Fantasie – zwischen Personen und Ideen kaum mehr feste Bindungen gibt. Das ethisch-moralisch Verbindliche scheint sich großen Teils verflüchtigt zu haben, in ein freies Flottieren möglichst pflichtfreier Optionen. Doch die Sehnsucht nach dem, was man Haltung nennt, ist geblieben.

Der Philosoph Wilhelm Schmid schreibt: »Das Geschichtsbuch der Menschheit besteht aus einem schmalen Kapitel über das Glück und einem sehr umfangreichen Rest.« Dieses Verhältnis verbessern zu wollen, ist unbedingt unterstützenswert. Aber klar ist wohl auch, dass die eigentliche Herausforderung des Lebens nicht darin besteht, unter allen Umständen nur immer glücklich zu sein. Sondern? Zu preisen sind bisweilen auch die Aushaltenskräfte des Menschen, besonders gegen die epidemisch gepredigte Privat-Flucht ins Glück: Überall angebliche Glücksgarantien, Glücksrezepturen, rundum ein massiv drohender »Happiness-Overkill« – wie viele Menschen aber werden unglücklich, nur weil sie glauben, glücklich werden zu müssen? Einen Weg gegen diesen Glücksstress findet man nur durch Arbeit daran, dass Leben – Sinn hat. Und was überhaupt wäre Glück, so uneindeutig, wie es sich präsentiert? Es gibt das Zufallsglück, das Wohlfühlglück – Glück ist doch stets bloß ein Durchgangsstadium, es »schreibt weiß«, wie der Dichter Reiner Kunze sagt; es ist nichts Haltbares; man hat Glück, wenn man Glück hat. Realistische Sinnsuche aber festigt; sie stärkt jenen so nützlichen Relativismus, denn sie weiß sich verknotet in Scheitern und Enttäuschung. Just in offener Haltung zu Schüben des Unglücklichseins wächst dem Sinn – Besinnung zu. Einhalt, Bedenken. Was uns angeblich unversehrt hält, das kommt doch nur aus schlecht erzählten Fabeln. Wir sind in Wahrheit: Verletzlichkeit, Überwindbarkeit, Vorläufigkeit. Also: Wünschen wollen ohne Gier; vermissen können ohne Groll.

»Ein großer Teil dessen, was in der Geschichte der Menschheit an Bewundernswertem zustande gebracht worden ist, ging nicht aus Zufriedenheit hervor. Unzufriedenheit ist der Ansporn zu neuen Taten.« So noch einmal Wilhelm Schmid. Diese Unzufriedenheit als Zeitenpräger. Der Schmerz als Prüffeld, ob und wie man ihn überwindet. Wie könnte der Bergsteiger ans Ruhmesglück denken, wenn er nachtlang und nahezu gefriertief im Eishang klemmt, so gipfel- wie todesnah? Wie könnte der Schriftsteller das Glück seiner Gabe preisen, da er am fehlenden Wort so sehr verzweifelt wie am gefundenen, das stets ein schwächeres als das gewünschte ist? Wie könnte der Marathonläufer ans Glück des Sieges glauben, da die Muskeln höllenhart werden? Wie könnte der Begehrende ans Liebesglück denken, da er plötzlich in die Einsamkeit gestoßen wird? Augen auf und durch!, das ist der Glücksmoment im Unglücklichsein, das uns immer wieder überkommt.

Das Einverständnis mit den Spannungspolen des Daseins erweist sich als hohe Kunst des Widerständigen: Dieser gibt nämlich Ratschläge, wie man sich täglich neu aufrichten, wie man in den Umständen, die uns als gehörige Negativkraft bedrängen, einen Freiheitsraum gründen kann, wo man die eigenen Zweifel, Ohnmachten, Unsicherheiten, eben das Unglücklichsein, übedauert – indem man all dem etwas abgewinnt. Schmerz stärkt. Wunden wirken. Das Schwere hilft. Vielleicht. Auch. Peter Handke schrieb: »Denk bei dem, was du siehst, daran, dass es dich vielleicht schon einmal gerettet hat.« Ein Sturz gibt den Füßen Vorsichtsfühler. Und der Seele, wenn man denn aus einer gefährlichen Gewissheit stürzte, wachsen solche Fühler auch. Unglücklichsein (nicht zu ersehnen, aber doch kaum zu tilgen) bedeutet: Training in der Fähigkeit, gewarnt und gewappnet zu sein. Mit sich Frieden schließen, ja, aber doch bitte im Einverständnis mit dem Schrundigen, das in uns spurt. Lebenskunst ist nicht nur die Einrichtung des Lebens, sondern, wenn es denn eingerichtet ist, auch noch die Bewältigung der Irritationen, die nicht zu vermeiden sind. Depression etwa, die Freitodversuchung, die beunruhigende Frage nach einem Leben über das Leben hinaus.

Es gibt keine Möglichkeit, eine rein positive Welt herzustellen (was mit dem Sozialismus geschah, ist im Kapitalismus wiederholbar – die Erfahrung der Fallhöhe nämlich, wenn man den falschen Traum nährt). Und es gibt auch privat keine Möglichkeit, ein rein positives Dasein zu leben. Hier kommt die Melancholie ins Spiel. Mit Melancholie erwachen wir aus dem Traum vom Glück, begreifen uns als Entfremdete. Wichtiges Paradoxon: Zum Glücklichsein gehört die Abwehr eines fortwährenden Positivdenkens, gegen einen schier unausrottbaren historischen Optimismus, der so sehr absieht vom schwachen, durchkommensbemühten Menschen. Es gilt sich zu wappnen gegen den Ruch des Vernunftfortschritts, der immer wieder Prediger findet, die sich wie Raumfahrer, fernesüchtig, von bitteren Erfahrungen der Menschheitsgeschichte absprengen ins rein Ideelle und Ideale. Vielleicht, weil ihnen das Verfechten einer gesellschaftlichen Glückslehre – die man »natürlich« vom Blut trennt, das bisher durch die Zeitläufte floss – auch eine Droge gegen die Schmächtigkeit des eigenen Glücks ist: Man wird automatisch größer, wenn man große Thesen herausfeuert. Der größere Held ist Sisyphus: der letzte Kronzeuge des bewusst gelebten Unglücklichseins. Den man sich bekanntlich, so Camus, als glücklichen Menschen vorstellen muss. Weil er immer wieder hofft, dass der Stein, den er bergauf schleppt, nicht wieder herabrollt? Nein, weil er sich in Arbeit lebendig fühlt.

22.
Unsere Welt ist zu retten

Wachstum. Schönes Wort, fruchtbares Prinzip. Und zum Fetisch geworden. Von dem, was wächst, weiß man: Es entwickelt sich, es hat offenbar Zeit, es wird stark, es gewinnt Körperlichkeit, es streckt sich, sich und die Fühler zur Welt. Was wächst, hat noch viel vor sich, es ist noch lange nicht über den Berg, von dem aus das Abwärts zu sehen sein wird, der Abstieg, das Ende. Wachstum darf also durchaus ein wenig gefeiert werden – als das Leben schlechthin. Wie gesagt: ein wenig. Denn es ist keineswegs das Leben schlechthin. Es hat wie alles seine Zeit, und die ist keinesfalls ewig; nach der Feier der Kraft kommt nämlich die andere Existenzform an ihre Reihe: die Einteilung der Kräfte. Ja, erst spricht man von Kraft und dann von Kräften, und Kraft ist stets mehr, als es die Kräfte sind. Kraft hat man, Kräfte lassen nach; Kraft gibt sich souverän allein aus, Kräfte müssen sich bündeln, gegenseitig stützen.

Wachstum ist Leben – und mitunter eine gefährliche Illusion von Leben: als besäße, was jung ist, eine unaufhaltsame Dauer. Die Macht der Hoffnung. Die Macht der Muskeln. Die Macht der Stärke – von da ist es nur ein kurzer Schritt zur Politik der Stärke. Zur Stärke also einer Politik, die von Einhalt und Einkehr nichts wissen will. Solcher Politik ist Wachstum zum Fetisch geworden. Diese Politik wächst sich aus, und so kam die Verzweiflung in die Welt: Es ist zum Auswachsen! Da werden im November 2013 riesige Landstriche auf den Philippinen durch einen Sturm bisher ungekannten Ausmaßes verwüstet. Auf der gleichzeitig stattfindenden UNO-Klimakonferenz in Warschau weint der Vertreter der Philippinen vor aller Welt – die Delegierten sind gerührt, schweigen, stammeln, schlucken, gestehen für Momente eine zu Herzen gehende Hilflosigkeit. Und dann? Geht die Rührung wieder in die gewohnt ungerührte Geschäftigkeit und in das übliche Feilschen über. Das Geschäft der Politik bleibt eine Politik des Geschäfts, konkret: bleibt weiterhin Geschacher um die weltweit so dringende CO_2-Ausstoßverminderung. Der Gipfel auf dem Warschauer Gipfel: Die technologische Supermacht Japan kündigt mit frechstem Hinweis auf die Sachzwänge an, auf zugesagte CO_2-Reduzierungsziele verzichten zu »müssen«. Warum? Man war ja schließlich gezwungen, die Atomkraftwerke vom Netz nehmen. Das ist die moderne Moral des unverschämten Kapitalismus: Auf die erzwungene Abkehr von einer tödlichen Energiegewinnungsart reagiert man mit einer Strafaktion für die Welt. Weil man in landläufiger Profitgier gestört wurde, setzt man sich kalt und kühn über den Vernunftwillen jener hinweg, die man ansonsten gern als internationale Völkergemeinschaft bezeichnet. Und die Warschauer Delegierten haben beflissen die Köpfe über ihre Laptops gesenkt, und sie wirken wie eine Reihung von Maschinenmenschen, die auf ihren Rechnern alles Geschehen der Welt durchrechnen können, auch alle Katastrophen können sie durchspielen und auf ihre Monitore projizieren – nur: die dazugehörigen Tränen nicht!

In den entscheidenden Etagen ist also kein Gedanke daran, dass das Wachstumsprinzip des kapitalistischen Systems den ressourcenbegrenzten Globus überfordert, quält und auspresst. Wachstum wurde zum sehr real herumgeisternden Gespenst. Wir gewinnen nicht mehr Energie, wir verlieren uns in diesem Gewinn. Wo sich aller Wohlstand am Energieverbrauch misst, wird ein Energiehunger übermächtig, der sich unaufhaltsam zur unstillbaren Energiegier auswächst. So sorgt Wachstumsideologie nicht mehr dafür, dass wir Ziele erreichen, nein, wir kommen lediglich ans Ende. Aber wer hat politisch den Mut, die Konsequenzen zu ziehen? Und wer hätte den Mut, jene zu wählen, die bereit wären, notwendige Konsequenzen in alle bindende Gesetze zu gießen? Wer also wäre bereit, die Dinge bis an ihr mögliches Ende zu bedenken und selber danach zu leben? Wer?

Kritisches, also wahres Denken ist stets Arbeit im Risiko. Es ist Verzicht auf Halterungen und Sicherungen, und genau da liegt leider das Problem. Um konkret eine Umkehr zu erreichen, müssten wir den Elementen Licht, Wind, Erde, Gewässer verantwortungsvoller zugetan zu sein als dem allgemeinen wirtschaftlichen Wohlergehen. Harald Welzer hat zwölf Regeln für erfolgreichen Widerstand formuliert, die mir einleuchten. Ich nenne einige: »Alles könnte anders sein! / Es hängt ausschließlich von Ihnen ab, ob sich etwas ändert. / Nehmen Sie sich deshalb ernst. / Hören Sie auf, einverstanden zu sein. / Schließen Sie Bündnisse. / Rechnen Sie mit Rückschlägen, vor allem solchen, die von Ihnen ausgehen ...« (Vgl. Harald Welzer, Selbst denken. Eine Anleitung zum Widerstand, Frankfurt a. M. 2013, S. 293) Im Doppelsinn der Grundmaxime von »attac« formuliert er es so: Eine andere Welt ist möglich. Unsere Welt ist zu retten ... Einfache Sätze der Zuversicht – und der Aufgabe.

Leider seltsam und traurig, wie der Gedanke an die Erschöpflichkeit der materiellen Ressourcen suggeriert, auch die Ressourcen jener Ideen, die der Menschheit als Rettung zur Verfügung stünden, seien erschöpflich. Ach, sagen die Philosophen der Resignation: Darf denn vom ausgebeuteten Geist erwartet werden, dass er gleichsam kurz vorm Eintritt der Katastrophe noch die Technologie der Erlösung erfindet? Ja! Und nochmals Ja! Rettendes Denken ist doch durchaus möglich! Es besteht in präziser Erfassung ökologischer Zusammenhänge, in wissenschaftlichem Denken der Schadensbegrenzung und einer technologischen Reaktionsfähigkeit im Rahmen des Menschenmöglichen. Weil wir uns nicht ändern werden, müssen wir eine so gelassene wie exakt vorgehende Praxis entwickeln, welche die große Katastrophe verhindert, ohne an die Grundsubstanz des menschlichen Irrstrebens gehen zu wollen. Es geht um technische Vorstöße – und Schutz zugleich. Grenzdurchbruch und Zügelung der Befugnisse in einem. Technologische Furchtlosigkeit plus christliche Demut.

Epimetheus und Prometheus sind Brüder und Antipoden zugleich. Politiker stehen in der Regel im Banne des Epimetheus, der alles zu spät bedenkt und des Prometheus, der zu selbstbewusst drauflosagiert. Sein Bruder Prometheus ist der, der ohne Vorbedacht handelt und damit das Schöpfertum und das Unheil zugleich auf die Erde bringt. Zwischen beiden liegt das Feld der wahren Möglichkeit für inspirierte Realisten. Es werden Helden eines neuen Rückzugs benötigt, der doch ein Vormarsch wäre: voneinander lernen, im anderen, im schier Verfeindeten sich selber sehen. Differenz ertragen. Die Differenzen als Ertrag für sich selber sehen. Kommt der Gierige in eine Partnerschaft mit dem Asketen, so wird der Gierige zurückhaltender und der Asket weiß wieder, was Lust und Genuss ist. Ein Märchen, ja – aber: Politisch werden, wenn die Welt gerettet werden soll, Koalitionen auf uns zukommen, die man sich derzeit kaum vorstellen kann. Aber das muss – und wird! Wenn die Zeiten absehbar noch katastrophaler werden. Wir ähneln derzeit dem Trupp, der aufsteigt und aufsteigt und fortwährend nach dem nahen Gipfel fragt. Bis alle merken, dass es immer weiter in die Tiefe geht.

23.

Im Einklang leben lernen

Es ist ja wahr: Die Zukunft wirkt arg erledigt. Sie ist stets ein Gerücht, wir bereden sie fortwährend, aber wir kennen sie nicht. Sie hat vielleicht hundert unbekannte Gesichter – aber es scheint, wir kennen inzwischen schon ihre tausend Gesichter, und alle sind sie uns wohlbekannt. Sollte sie Frieden heißen, hieß sie am Ende doch wieder Krieg oder höchstens: Friedenskampf. Wurden das bessere Land, die bessere Zeit versprochen, waren am Ende nur wieder die Grenzbefestigungen und die Stechuhren besser. Hieß es von der Zukunft gar, sie werde licht, wurden doch nur wieder jene Lampen für Verhöre angeschleppt, die man ja auch schon kannte. Zukunft war lange ein Glaubensartikel, und eine Sekunde Glauben ist bekanntlich mit vielen Jahren Zweifel und Verzweiflung nicht zu hoch bezahlt. Glauben lernt man nur, wenn einem nichts anderes übrig bleibt. Und so oft blieb einem von der Gegenwart nichts anderes übrig, als an die Zukunft zu glauben. Schlimm. Und so schön!

Aber, wie gesagt: erledigt. Generationenverträge, die Künftige einbeziehen, stehen doch nur noch auf Altpapier. Die forscheste Art, von Zukunft bedient zu sein, nennt sich heute »Generation Jetzt«. Sie malt sich keine Himmel mehr aus, das ist das Höllische aller Augenblicksphilosophien. Gegenüber Energie, Luft, Wasser, Boden, Tier- und Pflanzenwelt gilt eine Handlungsweise wie beim Spezialkommando der Polizei: Zugriff! Die Brandrodung in den Urwäldern ist das moderne Feuer einer weltweiten Leidenschaft, die nur Verbrauch, Verzehr, Verschleiß kennt und kein Gedächtnis hat für schwerwiegende Verluste.

Einen Impuls zur Besinnung auszulösen – es gelingt kaum durch mahnendes Erinnern an frühere, entbehrungsreiche Zeiten. Aber erzählen kann man von diesen Zeiten. (Sagen lassen sich die Leute nichts, erzählen alles.) Ich erinnere mich noch sehr lebendig an klirrend kalte Winter, in denen wir Kinder Seite an Seite, dichtgedrängt, am geheizten Kachelofen im Wohnzimmer saßen. Manchmal auch nur in der Küche, glücklich darüber, wenn die Kohlen aus dem Stall doch noch gereicht hatten. Sie reichten nicht immer in dieser Nachkriegszeit. Die Winter hatten Kraft. Oft mehr, als wir an Kraft dagegensetzen konnten. Wir, eine neunköpfige Familie, vor über sechzig Jahren in einem altmärkischen Pfarrhaus. Unsere Kraft war auch eine der Freude über kleinste Siege – Wärme, deren Dauer in kostbaren Stunden gemessen wurde, die wir uns zu Ewigkeiten träumten. Die Ewigkeit war dann eine Bettdecke, unter die wir krochen wie unter eine Hoffnung – und der warme Ziegelstein am Fußende.

Und heute? Drehen an den Heizkörpern bis zur Bedenkenlosigkeit. Das ist der quälende Widerspruch: Just in der Bedenkenlosigkeit liegt der Sinn des Fortschritts – und zugleich erhebt sie diesen Fortschritt zur

Gefahr. Unser Leben heute ist leicht, komfortabel, entlastet von jenen Mühen, wie sie am Rande jeder Zivilisation noch eine tapfer getragene Realität sind – aber in unserem selbstverständlichen Genuss der zahllosen Annehmlichkeiten lauert der evolutionäre Ausverkauf: Denn wir verlieren womöglich ein existenzielles Beteiligungsgefühl, das Gefühl dafür, dass eine energetische, ökologische Revolution bevorsteht. Oder aber unseren Nachkommen gar nichts mehr bevorsteht. Wir müssen beides lernen, in Gleichzeitigkeit: zu haben und zu verzichten. Wir müssen lernen zu verzichten, ohne weniger Freude am Leben zu haben. Aber wer mutet sich das zu? Privat und im politischen Getriebe? Alle Praktiken zur Rettung der Welt nennen sich Strategien und sind doch nur Auswürfe eines zu kurzen Atems. Bezeichnenderund perverserweise denken und handeln einzig die Militärs und deren Industrien prononciert und verlässlich langfristig. Stets wird schon an Waffensystemen der nächsten und übernächsten Generation geplant und gearbeitet. Bei Vernichtungsgerät gibt es nicht bloß »Generation Jetzt«.

Martin Luther wird die Maxime zugeschrieben: »Und wenn ich wüsste, dass morgen die Welt unterginge, so würde ich heute noch ein Apfelbäumchen pflanzen.« Die Maxime gilt, und sie richtet auf. Unrealistisch? Mag sein, aber sie erinnert daran, dass es eine wirkliche Kontrolle unserer Sehnsüchte nicht gibt. Hoffnung ist nicht abstellbar. Träume sind nicht zu tilgen. Wunschvorstellungen führen ein frech-fröhliches Eigenleben hinter den Schutzzäunen der resignativen Vernunft. Eine über sich selbst aufgeklärte, also freiwillig das Feld räumende Sehnsucht gibt es nicht – jede Sehnsucht ist ein Steigerungsgeschehen. Sie ist trotz aller Relativierungen, an denen die tägliche Realität wirkt und webt und wütet, nicht an ein Ende zu bringen. Die Stärke unserer Sehnsüchte nach einem ganz anderen Daseinsplan überlebt uns also! Das bleibt das Wunderbare inmitten unseres sich abzeichnenden Elends. Also, immer wieder: Wir sehen ein, dass die Sehnsucht danach, anders zu sein, nur bedingt erfüllbar ist, aber wir lassen ihr doch freien Lauf, und wir zerbrechen nicht daran, dass ihrer Verwirklichung vieles zuwiderläuft. Durch jeden einzelnen, durch mich.

Ja, so wird es wahrscheinlich sein: Nichts wird sein. Aber diese ewig traurige Wahrheit, die in Hamsterrädern geboren wird, hält das immer neue Scheitern der Sehnsucht aus: Wir tun in glücklichen Momenten einfach so, als würde es kein Scheitern geben. Wir tun in glücklichen Momenten einfach so, als hätte nicht schon die vorige und vorvorherige Sehnsucht zu nichts geführt. Und trotzdem führt Sehnsucht weiter: Nur auf dem Wege unvermeidlicher Selbsttäuschung kann die Sehnsucht nach der besseren Welt eine Form werden für alles, was kommt und wieder verschwindet und wieder kommt und wieder verschwindet.

Dass jeder gern anders sein würde, ist klar. Eine Zeit lang glaubt man auch, es könne gelingen. Daran arbeitet Jugend, auch die »Generation Jetzt«, sie arbeitet an sich, als sei sie die Welt; irgendwann stellt sie fest, sie arbeitete nicht, sie litt. Und noch viel später sagen wir von uns, dass wir damals recht furchtbar und eigentlich nicht auszuhalten waren. So ist das immer: Wir sind nicht auszuhalten, wenn wir die Schnellsten, Weitesten, Größten sein wollen, und am wenigsten ist auszuhalten, dass wir nicht einmal fragen, wie das nur die Welt aushält. Wir werden, das ist gewiss, inständig fragen müssen!

Fasziniert und faszinierend beschreibt der Schriftsteller Christoph Ransmayr in einem seiner Bücher (Der Ungeborene oder Die Himmelsareale des Anselm Kiefer, Frankfurt 2002) den Besuch bei dem bildenden Künstler Anselm Kiefer in Frankreich. Da gib es fünfzehn Himmelsareale, die sich in einer Halle von La Ribaute emporrecken, »aufs Blei geschleuderte Galaxien«, deren Details man erst mit dem Fernglas erkennen kann: »Weiße Sonnen, Asteroidenschwärme, Tausende Himmelskörper und daneben in weißen Lettern hingesetzte Sternnamen, Buchstaben- und Zahlenkombinationen, Kennungen, mit denen die Astronauten nach den Funkenschwärmen in der Finsternis werfen.« Aber da ist, zwischen den Sternen, noch etwas zu erkennen, und zwar ohne Fernglas: »bleierne Hemdchen, manche kaum größer als der Finger einer Mädchenhand, andere in den Maßen von Neugeborenen oder Puppen.« Rührend. Für wen genäht, diese bleiernen Talare? Sie haben schon einen Namen, es sind »Die Ungeborenen« – Kiefers Ode an die Ewigkeit und die Zahllosigkeit all dessen, was immer erst kommt. Zukunft. Gedacht ist da weit oben an die »bloße Möglichkeit, an alles Leben, das auf seine Gestaltung, Verwirklichung und Vollendung« noch wartet. Ein berauschendes Bild. Dieser Sternenhimmel mit der Metapher der Ungeborenen schlägt den Bogen zu Luthers Apfelbäumchen, schlägt den Bogen zum Gebot des eigenen Daseins: so zu leben, dass man mit seinen bescheidenen Möglichkeiten zum wahren Glück der Welt beiträgt – es besteht darin, dass auch weiterhin Ungeborene zu geschützt Geborenen werden können. Die wahrlich das LICHT der Welt erblicken. Unter dem auch das kleine Apfelbäumchen anwächst, aufwächst und Frucht bringt.

24.

Liebe den Baum wie dich selbst

Ich blicke in Werben, nahe der Elbwiesen, aus dem Zimmer meines Fensters auf ein Haus. Hinter dem Haus die Kirche – wie etwas Großes, das schützend zum Geringen tritt. Und dann diese wunderbaren Blätterranken vorm Fenster, die sich im Wechsel der Jahreszeiten in meine Sicht winden. Natur winkt mir zu, ich nehme sie unverzichtbar in den Blick, wenn ich hinaussehe. Und das Sehen wird Schauen. Von den Blättern geht mein Sinnen zu Bäumen. Zuallererst zu der fast dreißig Meter hohen majestätischen Pappel, die mein Vater mit mir 1957 gepflanzt hat. *Mein* alles überragender, stolzer, schöner *Baum*, den ich liebe, ein Baum wie eine Flamme, um den ich bei jedem Sturm bange.

Ich schau im Spätherbst hinaus. Vor meinen Augen offenbart sich Reichtum; der Reichtum des Blattwerks gleicht allem Reichtum: Er verbirgt immer auch etwas. Er ist Geheimnis. Klarheit, Durchblick schafft bei Bäumen erst die laublose Jahreszeit mit ihren Bloßlegungen – bei Biografen ist es die spätere Lebenszeit mit den braunen Flecken an der Hand. Wenn der Mensch sich selbst betrachtet und dann Bäume – eines beschämt besonders: Sie bilden ihre Körper aus, unbekümmert darum, wen sie dann eines Tages beschirmen. Nirgends stellt sich menschlicher Kurzatmigkeit etwas beharrlicher entgegen. Das ist beunruhigend. Denn an Bäumen sehen wir, was uns versagt bleibt: dass Altern eine Zunahme von Kraft bringt, der wirklich Zeit gegeben ist, nicht nur Frist. Während uns kein noch so heiterer Mai den Anhauch jenes Schreckens nehmen kann, der verlässlich aus dem Innern der Uhr kommt, wachsen Bäume in eine ansehnliche Dauer. Aussicht und Ausbildung dieser Stattlichkeit, wenn sie denn Äxte übersteht, gewährt uns bereits zu unseren Lebzeiten den Blick in eine künftige Welt, in der wir selber nicht mehr vorkommen. Solche Wahrheit macht jeden Wald dunkel und kühl, hält uns angemessen gering und ist also das, was man einen gültigen Bescheid nennt.

»Ein gutes Leben: ich lebte zur Zeit der Bäume«, sagte der finnische Dichter Paavo Haavikko. Sie sind einfach da, die Bäume. Noch sind sie einfach da. Noch. Denn sie werden geschlagen wie nichts sonst: Die Menschheit braucht viel Material für ihren Holzweg. Es gibt etwas, das vielleicht nur sie verbreiten. Trost. Sagen die Dichter und Maler, und wir wollen jenen glauben, die Recht haben auch in vielen anderen Dingen, die nicht in der Zeitung stehen. Bei keinem anderen Wesen sind Leben, Dauer und räumliche Ausdehnung so offensichtlich Gestalt geworden. Sonne, Wasser, Luft und das Chlorophyll der Blätter – das ist alles, was sie brauchen. Weil sie lange vor uns da waren, haben wir ihre Sprache übernommen. Von ihnen wissen wir, dass Menschen Wurzeln schlagen, aufblühen, entwurzelt werden können, astrein sind, auf einen grünen Zweig kommen oder zwischen Baum und Borke klemmen.

Von ihnen haben wir die Ahnung, dass die Dinge wachsen und gedeihen müssen. Ihre Kronen waren stets höher als der Mensch, ihr Grund geht tiefer. »Wer möchte leben ohne den Trost der Bäume!«, so rief Günter Eich das »Ende des Sommers« aus.

Was waren das für Zeiten, in denen ein Gespräch über Bäume fast ein Verbrechen war, weil es das Schweigen über so viele menschliche Untaten einschloss. Sagte Brecht. Was für Zeiten, da ein Gespräch über menschliche Untaten fast ein Verbrechen ist, weil es ein Schweigen über so viele sterbende Bäume einschließt. Sagt der Dichter Jürgen Rennert. Der letzte Ort für den geschändeten Baum ist der Blätterwald.

Ein Mensch, der kräftige, hohe Bäume betrachtet, schaut in die Zeit seiner Vorgeburt, meist auch auf etwas, das ihn überlebt. Solches Schauen ist ein Erlebnis, von dem niemand die genauen Teile von Trauer und erlösungstiefer Gelassenheit abwägen kann. Günter Kunert schrieb Verse über einen Baum, der, hochgewachsen, den Blick über »Gaskammern, Galgen, Zellen« nicht mehr aushält, sich unter die Menschen begibt: »Hoffe heimlich, daß sie erkannten / am Blut, das an den Wurzeln mir blieb: / Ihnen zu Hilfe hat sich losgerissen / ein Baum! / Den der Anblick der Kämpfe/ aus den friedlichen Wäldern trieb.« (Günter Kunert, Die Verkündigung des Wetters. Gedichte, Carl Hanser Verlag, München 1966) Vor Jahren gab es auch einen Theaterabend mit dem bayerischen Landwirt und Schauspieler Josef Bierbichler: »Holzschlachten. Ein Stück Arbeit«. Ein starker Mann zwischen Baumstümpfen. Er beklopft sie, so mitfühlend wie zuschnappend. Selektion. Dann hackt er sie klein, mit Wucht, schwitzend. Unablässig. Es dauert. Dann legt er sich nackt auf den Stapel Gespaltenes, einen der Holzscheite im Arm. In Not umarmt man alles. Auch das Kreuz, das einen töten wird. Hohe Musik jetzt: Mahler. Auferstehung. Menschenfleisch, Baumfleisch, beides ähnlich hell. Der Schauspieler installierte das Kreatürliche im traurigen Widerspruch zur menschlichen Kultur der Aneignung und Umgestaltung, die immer auch eine Unkultur der Zerstörung ist.

Im Baum sind wir lebend, wie wir im geschlachteten Baum ein Stück gestorben sind. Es genügt so ein Stück Baum, es genügt der Blick auf geschundene Natur, um in die verhängnisvollen Kräfte unserer Gattung hineingerissen zu werden. In den Städten, umringt von den eingesperrten und verbogenen Seelen hastender, zur bloßen Funktion verurteilter Menschen, stehen Bäume oft da wie Verletzte, wie Gedrückte. Aus Bäumen wurden im Abgas und bedroht von der Gier der Sägen: Schatten von Bäumen. An manchem Straßensaum scheinen sie nur noch geduckt, gekappt ihre Wahrheit durchbringen zu können: die Wahrheit nämlich, etwas sehr Schönes (gewesen) zu sein. Wie wir? Es kann freilich anders werden. Bäume können sich nicht aufbäumen – *der Mensch sehr wohl.*

Dank

Dieses Buch lädt ein zum Gespräch und ist selbst in Gesprächen entstanden – mit Volker Hörner aus Landau und mit Hans-Dieter Schütt aus Berlin. Auch Dr. Rudolf Walter vom Verlag Herder sei für Idee und zahlreiche Anregungen gedankt. Es wurden Überlegungen weiterentwickelt, die in der ZEIT am 11. Juli 2013 erschienen waren. Ohne die so umsichtige Mithilfe beim Schreiben und Korrigieren durch Gerit Orbitz aus Wartenburg wäre das Buch kaum zustande gekommen.

Das große Buch protestantischen Denkens und Glaubens

Das Herz des Protestantismus schlägt in seinen zentralen Texten: in Bekenntnisschriften, aber auch in Liedern, Reden, Gedichten, die Menschen bis heute bewegen. Texte zur Selbstvergewisserung und Selbstbefragung, zur theologisch-geistlichen Vertiefung, zum Innehalten der Seele und zum Anregen eigenen Tuns. Von Martin Luther bis Dietrich Bonhoeffer und Dorothee Sölle: eine lebendige Orientierung für alle. Zum Reformationsjubiläum 2017.